我国社会福利
改革与研究

汤秀丽 著

内 容 提 要

本书以社会福利基本理论为起点，着重分析了我国社会福利制度的建设与创新以及我国社会福利资源与供给等方面的内容，分别从老年人、儿童、残疾人和妇女等角度分析其社会福利的发展与改革。全书具有语言精炼、结构清晰、理论与实践相结合等特点，能够为我国社会福利事业的发展提供一定的指导作用。

图书在版编目（CIP）数据

我国社会福利改革与研究 / 汤秀丽著. -- 北京 : 中国水利水电出版社, 2015.2（2022.9重印）
ISBN 978-7-5170-2985-4

Ⅰ. ①我… Ⅱ. ①汤… Ⅲ. ①社会福利一研究一中国 Ⅳ. ①D632.1

中国版本图书馆CIP数据核字(2015)第038470号

策划编辑:杨庆川　责任编辑:陈　洁　封面设计:崔　蕾

书　　名	我国社会福利改革与研究
作　　者	汤秀丽　著
出版发行	中国水利水电出版社 (北京市海淀区玉渊潭南路1号D座 100038) 网址:www.waterpub.com.cn E-mail:mchannel@263.net(万水) sales@mwr.gov.cn 电话:(010)68545888(营销中心)、82562819(万水)
经　　售	北京科水图书销售有限公司 电话:(010)63202643、68545874 全国各地新华书店和相关出版物销售网点
排　　版	北京鑫海胜蓝数码科技有限公司
印　　刷	天津光之彩印刷有限公司
规　　格	170mm×240mm　16开本　12印张　167千字
版　　次	2015年6月第1版　2022年9月第2次印刷
印　　数	3001-4001册
定　　价	40.00元

前言

人类社会发展的历史表明，人人过上幸福的生活，离不开社会福利建设。作为制度化的社会福利，通常被理解为国家的一种政治立场和制度安排，它标志着人类社会文明的进步，彰显着人类对美好生活的向往，它是社会政治不可或缺的重要组成部分，是社会常态运转、人们生活幸福和安康快乐的重要保障。任何一个关心国民生活的社会，任何一个负责任的政府，无论是要实现国民福利的增长与经济社会的发展相协调，还是要争取选民的支持，最大限度地实现执政的合法化和社会管理的有效性，都应当把社会福利作为社会制度结构的构成要素，放在关乎社会民生和经济社会发展的高度来认识、推动和发展。

发展社会福利事业，切实保障老年人、孤儿、残疾人等特殊困难群体的基本生活，对于促进社会公平、推动社会进步、维护社会稳定，都具有十分重要的意义。随着经济和社会的不断发展，人民群众生活水平的不断提高，人口老龄化程度的日益加深，等等，都要求我们进一步发展社会福利事业。可以预言，以特殊困难群体为工作对象的我国社会福利事业必将迎来一个快速发展的新时期，尤其是在构建和谐社会的今天，社会福利必将发挥越来越大的作用。这一发展趋势对于从事社会福利理论与政策研究的理论工作者来说，提出了十分迫切的要求。

本书一共七章，第一章是社会福利的概述；第二章是我国社会福利制度的建设与创新；第三章是我国社会福利资源与供给研究；第四章是我国老年人社会福利的发展与改革；第五章是我国儿童社会福利的发展与改革；第六章是我国残疾人社会福利的发展与改革；第七章是我国妇女社会福利的发展与改革。

在本书的撰写过程中，参阅了大量的参考文献，吸收与引用了大量有关专家、学者的研究成果，在此谨向各位专家、学者表示衷心的感谢和崇高的敬意。另外，由于时间、研究能力等方面的问题，不足之处在所难免，诚请有关专家、同行及广大读者予以批评指正。

作者

2014年12月

目录

第一章 社会福利的概述

随着社会文明程度的不断发展，在现代社会中"社会福利"的概念已经得到了广泛的应用，并且可以说衡量一个社会发展程度的重要标志之一就在于社会福利水平的高低。随着社会经济的不断发展，越来越多的方面被纳入社会福利的内容中，不断提高着社会福利的程度和水平。那么，究竟如何理解社会福利，人们对其的认识并不一致，本章试图就社会福利的概念和基本理论做一探讨。

第一节 社会福利的含义与作用

社会福利作为社会制度的一个重要组成部分，其主要目标和功能在于推动社会发展和社会进步，促进社会的公平和正义。

一、社会福利的含义

(一)人类社会的发展目标

不同的社会有不同的发展目标，如社会主义社会的理想发展目标是共产主义。具体包括以下几个方面：一是迅速提高科学技术，极大地丰富社会产品；二是促进人类的完全平等，消灭现存的一切阶级差别，并且消除脑力劳动和体力劳动之间存在的差别；三是促进经济的高度发达，实现各尽所能，按需分配；四是促使全体人民树立集体主义的原则精神，提高其大公无私的道德品质，为实现共产主义的理想而奋斗。资本主义社会的理想发展目标是实现民主社会或市民社会，或者说“福利国家”。具体来说，就是要实现以下目标：第一，世界种族平等，反对种族歧视和压迫，实现全世界各民族的和平共处；第二，一国之内人人“生而平等”“自由”，提倡“生存互助”，反对“生存竞争”；第三，国家是人民创造的为人民谋福利的一种工具；第四，反对独裁，反对过多的集权，主张分权，实行平民政治；第五，经济得到充分自由的发展，政府很少干预；第六，尊重个人尊严，个人福利由个人主观判断。

虽然不同的制度有不同的发展目标，但无论实行何种制度，人类社会发展有其共同目标：第一，都将个人全面自由发展、个人尊严和个人需求满足放在首位，这是社会发展的终极目标；第二，个人需求的满足取决于物质文化产品的发展，经济发展是手段而不是目的；第三，承认个人福利的主观性，个人主观判断的差异性，社会福利是以个人的主观评价为基础的。福利经济学的使命就是要判断任何社会形态下经济社会发展的合意性。

（二）福利与社会福利

福利（welfare）是由英文的“好”（well）与“生活”及“处境”（fare）组合而成的，客观上，是指好的或者幸福的、快乐的、健康的生活状态，一种好的生活状况或满意的生活质量，是个体或群体以及社会所追求的一个理想目标。当然，什么是“好”和“幸福”，什么是“健康”与“快乐”，则是一个相对的概念。一方面，福利是一个客观的现状，在某一时期或某一地域，某些或某种物质生活待遇提升，对于接受福利的客体确实能够起到“好”和“幸福”或“健康”与“快乐”的作用，这是客观的，也是相对的。说其客观，是因为起到“幸福”“健康”“快乐”作用的物质性与精神性的供给是外在于福利接受者而客观存在的；说其相对，是因为任何物质性和精神性的供给总是特定历史时期和社会条件下的公共物品，伴随着时代的进步和社会的发展，无论在质的方面还是量的方面，都是有条件、有限制地向福利接受者提供的。

另一方面，福利也是主观的感受，对于不同的人和不同的群体，相同的物质性和精神性的提供，其主观感受是完全不一样的。就如福利经济学家庇古所言，对于一个穷人和一个富人而言，一个英镑的价值和效用是完全不一样的。因为个人之间、群体之间的物质生活包括精神生活质量不尽一致，对能够激起他们的满足感、幸福感的需求也就不一样。在这里，满足感的获得，不仅有自身物质条件的影响，还有心态、认知、修养、品位等方面的影响。犹如孔子夸奖其得意门生颜回所言："在陋巷，一箪食，一瓢饮，人不堪其忧，回也不改其乐。"颜回有良好的心态，在他看来，住在很差很狭小的地方，有饭吃、有水喝就满足了，这也是一种快乐和幸福。

福利的客观现状是个体和群体取得幸福和快乐的重要物质基础；而福利的主观感受则在很大程度上决定着对"福利"供给的评价与认可，二者缺一不可，是有机地联系在一起的一个问题的两个方面。就像马歇尔所言："福利与对状况良好、幸福的体验和良好状况的形成条件有着复杂的联系。说一个人活得好，是指他实际生活得好并且感觉也好（doing well and feeling well）。"①

巴克尔在其主编的《社会工作词典》中，对社会福利的概念作出了界定，认为社会福利包括两部分的内容：一是指国家为了维护社会的稳定，从而在经济发展、社会稳定、教育体制、医疗卫生等方面推行的项目、津贴和服务体系；另一部分内容是指一个社群或社会的集体福祉的状态。于1977年出版《社会工作百科全书》是由美国社会工作者协会发行的，在此书中帕弗瑞将社会福利定义为："所有由志愿机构和政府推行的，目的在于预防、减轻和致力于解决社会问题的，或是改善个人、团体和社群福祉的

① T. H. Marshall, *Social police in the Twentieth Century*. London：Hutchinson，1985，p. 12

有组织的活动。”[①]

很明显，社会福利是以“福利”为基础，但是又超越了个体“福利”的范围，它不仅仅是个体所过的“好日子”，也不只是个体自我的精神感受。作为社会制度和社会政策，社会福利的推进就成为调整社会关系的手段，因为福利一旦具有社会性，就要求人们在社会层面上来考虑和解决如何使包括个体和群体在内的社会群体过上“好生活”的问题。这就涉及以什么政策依据、什么福利制度、什么运作机制、什么实施方法来提供福利的问题，这里不仅超越了个人的范畴，而且也涉及社会的、政治的、经济的、道德的等诸多范畴。

美国学者威廉姆·H·怀特科（William H. Whitaker）认为，“社会福利是指社区或社会的满意状况。在此意义上，社会福利是社会不断追求的结果，在这一追求过程中，人们对生活质量是什么及应该是什么进行了界定，并且努力把之变为现实”，“社会福利是指对一国的社区或社会的满意状况做出贡献的社会福利计划的总和”。怀特科同时又借用巴克的定义，指出社会福利“是一种由社会福利计划、社会福利津贴和社会服务构成的，帮助人们满足对维持社会运转必不可少的社会需要、教育需要和健康需要的国民制度”[②]。怀特科据此对社会福利的定义是：“社会福利的目的就是帮助人们在其社会环境中更有效地发挥作用，包含两层意思：(1)满足人们的基本生存需要（充足的营养食品、衣服、房屋、医疗保险，清洁的水和空气）；(2)满足人们必需的心理的、精神的社会交往需要……社会福利还应该包括以下内容：为使人们参与经济建设而提供充分的教育，提供咨询以认识并处理个人所遇到的困难，提供就业门路和其他社会活

① 王思斌.社会工作导论[M].北京：高等教育出版社，2004，第54页

② [美]威廉姆·H·怀特科，罗纳德·C·费德里科.当今世界的社会福利[M].北京：法律出版社，2003，第29页

动”。①

从怀特科等学者对社会福利的解释和定义可以看出，社会福利首先表现为其福利的社会性，是整个社会的满意状况和满足程度。其次，社会福利是一个体系，包括社会福利计划、社会福利津贴和社会服务以及帮助人们克服困难的措施，还包括精神方面的支持等。再次，社会福利是社会发展中一项必不可少的社会制度和社会政策。最后，社会福利是社会运行中的必需，是社会个体和群体提高生活质量的永恒追求。

鉴于此，我们可以从以下几个方面来理解社会福利定义：第一，提供社会福利的责任主体。提供社会福利的主体主要有国家和社会两大类，国家是主要的责任主体，它依照相关法律制度通过相关职能部门来履行责任，如民政部门、人力资源与社会保障部门等；社会主要指从事社会福利事业的各种社会团体，根据相关的制度提供社会福利。第二，享受社会福利的对象是法律和政策范围内的全体国民，而不仅仅是在生活、就医、教育等方面有困难的群体。第三，社会福利形式主要是现金、实物和服务，如现金补贴、免费的衣物、免费教材、义诊服务、残疾人康复服务等。第四，提供社会福利的方式是社会化，社会化的主体通过多种途径提供社会福利。第五，提供社会福利的目标有直接目标和终极目标。直接目标就是保证满足社会成员基本的生活需求、保障其“生活权力”②，不断提高、改善其生活质量，增强其自身发展的能力。终极目标是实现社会的公平正义，促进人的自由全面发展。

社会福利是人类社会发展的内在要求和必然结果，随着时代的进步和社会的发展，社会福利必将范围越来越广，内容越来越多，水平越来越高。社会福利状况不仅直接反映着个体生活

① [美]威廉姆·H·怀特科，罗纳德·C·费德里科.当今世界的社会福利[M].北京：法律出版社，2003，第30页

② 康子.社会福利基础理论[M].武汉：华中师范大学出版社，1998，第3页

水准和幸福指数，而且还直接反射出一个国家或地区的社会发展水平。福利从早期的家庭性或家族性发展到社会化和制度化的福利社会或福利国家，从一个方面反映了人类社会从初级到高级的发展过程。在现代社会，社会福利的提供主体必然是国家以及相关的机构，每一个公民都有得到福利的权力，社会福利的实施在很大程度上体现了社会的公平与公正。为了发挥社会福利的最大化功能，必须把其建立在制度化与专业性的基础之上，以保证社会福利的最大化的实施。

二、社会福利与社会保障

（一）社会保障的概念

社会保障（social security）与社会福利一样，也是社会政策研究中广泛应用的概念之一。《新大不列颠百科全书》对社会保障的解释是："在国际上，社会保障这一术语意味着所有已经为立法建立的集体措施，以便当个人或家庭的部分或全部收入来源受到损害或中止时，或当他们有大笔的开支必须支付时（如抚养子女或支付医疗费用），维持他们的收入，或对他们提供收入。因此，社会保障可能是对病残、失业、作物歉收、丧偶、妊娠、抚养子女或退休的人提供现金待遇。对医疗、康复、家庭疾病护理、法律帮助和丧葬的待遇可能以现金也可能以实物（服务）的形式提供。社会保障可以按法庭的命令提供（如对事故受害者的赔偿），也可能由雇主、中央或地方政府，或其他半公共或独立的机构提供。"[①]社会保障提供的方式主要有雇主责任制、公积金制、社会保险、全民待遇和负所得税五种形式。

国际劳工局在《社会保障导言》中关于社会保障的解释是：

---

① Encyclopaedia Britannica Inc. ed., *The New Encyclopaedia Britannica*, Chicago, Encyclopaedia Britannica Inc., 1990, Vol. 27, P. 427

“社会保障即社会通过一系列的公共措施对其成员提供的保护，以防止他们由于疾病、妊娠、工伤、失业、残疾、老年及死亡而导致的收入中断或大大降低而遭受经济和社会困窘，对社会成员提供的医疗照顾，及对有儿童的家庭提供的补贴。”①

(二)社会福利与社会保障的关系

通过上述《新大不列颠百科全书》及国际劳工局关于社会保障的定义，我们可以明显看出社会保障与社会福利之间存在着很大的差别，具体表现在以下几个方面。

第一，社会福利的内容包含着社会保障项目，社会保障范围要小于社会福利的内容。社会福利涵盖的内容非常丰富，它一方面可以满足人们社会生活的基本需要，另一方面在此基础上也可以为人们提供较高层次的生活享受，而社会保障的实施仅仅是为了满足人们的基本生活需要，是属于“低层次”的。社会福利的提供者也比较多样化，包括由国家、地方、企业、国际社会等提供的福利；它既提供了资金保证，又提供了一般社会保障所不包含的社会服务。

第二，社会福利的实施对象是社会全体公民，其主要目的是“脱贫”与“致富”，通过社会福利制度的实施，不断推动社会的发展。而社会保障所覆盖的对象是部分特殊的社会成员，其实施的主要目的是“扶贫”与“济困”，通过保障特殊人群的基本生活，来保证社会的稳定发展。

第三，政府只是社会保障的组织者和提供者之一，社会保障是国家社会福利制度的组成部分，是社会福利体系的一个子体系。

从社会福利与社会保障包含的项目来看，两者之间的关系可用图 1-1 表示。

① International Labor Office, *Introduction to Social Security*, Geneva, International Labor Office, 1984,P27

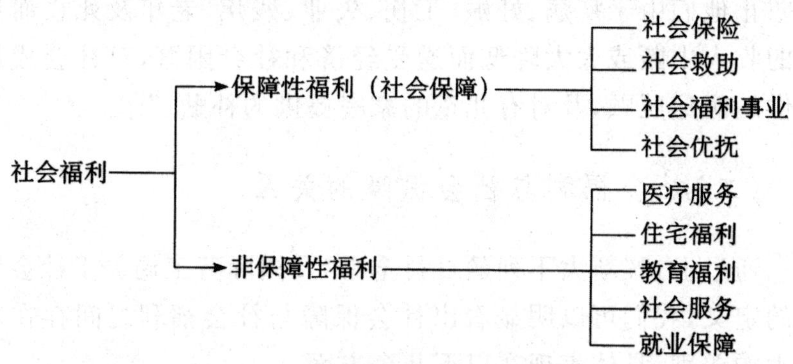

图 1-1　社会福利与社会保障关系图(1)

而从社会福利与社会保障项目的提供者来看，两者之间的关系可用图 1-2 表示。

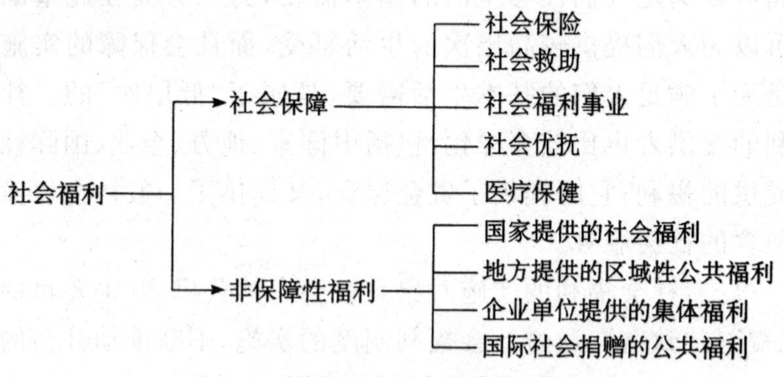

图 1-2　社会福利与社会保障关系图(2)

三、社会福利的功能

(一)促进社会公平，有利于社会和谐发展

社会福利是国民财富的再分配，有利于缩小社会的贫富差距，促进社会的公平，缓和社会成员因收入差距过大而产生的心理落差和仇视社会的情绪。社会福利对老年人、妇女、儿童、残疾人等特殊群体予以物质方面和精神方面的照顾，使特殊群体

感到没有被社会所排斥和抛弃，从而有利于社会成员之间关系和谐。随着经济社会的不断发展，国民各方面的福利需求越来越多，只有大力发展社会福利来满足国民的福利需求，不断地提高和改善其生活质量，增强其幸福感和对国家的归属感，才能保证社会稳定，促进社会的和谐发展。

（二）提高和改善国民生活品质，增强国民发展能力

在保障基本生存的基础上才能谈发展，而社会福利恰恰能够帮助国民做到这一点，因为社会福利在保障国民基本生活需求的同时不断提高和改善生活质量。随着经济的发展，国民物质层面的福利需求基本上得以满足，而精神文化层面的福利需求就凸显出来了。精神文化层面的福利对提高生活品质和提高国民素质有比较大的影响。因此，要大力发展社会福利来满足国民多方面的福利需求，尤其是精神文化层面的福利需求，如继续教育、在职进修、文化娱乐等，使国民的身体素质、生活质量、业务素质等都有一定程度的提高，从而增强国民的发展能力。一旦国民发展能力得到提升，就能够抓住更多的发展机会，改善其经济状况，提高生活质量，进而促进其自身的发展，使其进入一种良性发展轨道。

（三）调节经济发展

凯恩斯在《就业、利息和货币通论》中就论述了社会保障如何调节国民经济发展。社会福利调节经济发展主要是通过福利基金的流动来实现的。当扩大和发展社会福利事业时，就有更多的福利基金流向市场，从而增加市场上的货币供应量，可以拉动投资需求和消费需求，进而促进经济发展；反之，有效需求不足，就会阻碍经济的发展。因此，根据调节经济发展的“逆风向”机制，当经济萧条时，国家可以通过大力举办社会福利事业，增加财政转移，扩大整个社会需求，促进国民经济发展；而当经济

过热时，可以减少社会福利事业，缩小财政转移规模，抑制过旺的消费和投资，从而使经济发展速度慢下来。

四、社会福利与社会工作

全美社会工作者协会对社会工作的定义是："社会工作是帮助个人、群众或社区的专业活动，这种活动能够提升或恢复原上述主体的社会功能的能力，并能为上述主体顺利实现自己的目标创造社会环境。"①我国学者周沛、葛忠明等认为："社会工作是专门化和专业性的助人工作，其工作的展开过程就是帮助人、救助人的过程，亦是社会保障和社会福利形成与提供的过程。"②而学者卢汉龙、彭希哲认为："社会工作是指由政府机构或民间团体所从事的，以协助个人、家庭、团体或社会发挥其潜能，调整其关系，解除或预防因人与人、人与社会环境所引起的各种社会问题，并改进其生活或促进其福利的一种专业工作、社会工作，其目的是为了解决社会问题，其宗旨是通过社会工作机构或社会工作者所提供的专业帮助使处于社会问题中的广大社会成员摆脱困难，从而解决社会问题，维护社会稳定。社会工作的具体任务大体上可分为改善人们的物质生活和协调人们之间的关系两大类。"③

社会福利与社会工作关系非常密切。美国学者史梅丽就认为社会福利和社会工作是指同一件事情，只是其使用的层次不同而已。社会工作是具体、直接地提供社会援助。社会福利包括一个国家的福利政策和其所持的理念，主要是一种制度、政策

① ［美］查尔斯·H.托斯特罗著；孙唐水译.社会工作与社会福利导论［M］.北京：中国人民大学出版社，第126页

② 周沛，葛忠明.社会工作概论［M］.武汉：华中科技大学出版社，2008，第36页

③ 卢汉龙，彭希哲.二十世纪中国社会科学(社会学卷)［M］.上海：上海人民出版社，2005，第215页

层面的理念。我们认为，社会福利与社会工作是既相互联系，又有一定区别的两个概念，两者的关系表现在：

第一，社会福利是社会工作的起源和归宿。首先，社会工作源于社会福利，社会工作是一种派生的社会制度，当民间的互助制度和政府的福利体系不能有效地满足社会需求时，新的需求空间产生了，社会工作便获得了存在的必要性。其次，社会福利是社会工作的目的和归宿。根据学者卢汉龙、彭希哲的定义，社会工作的目的就是解决社会问题，以及帮助那些处于各种社会问题中的广大社会成员摆脱困难，发挥潜能，调整关系，改进其生活或促进其福利。最后，社会福利的范畴要大于社会工作，社会工作是现代社会福利体系中的一个重要组成部分，社会工作的开展过程，也是福利的形成、供给以及提升的过程，所以社会福利与社会工作是包含与被包含的关系。

第二，社会工作是实现社会福利状态和执行社会福利制度政策的工作方法和手段。社会福利是以理念或制度的形式存在，这种以制度和理念形式存在的社会福利必须通过具体的社会福利服务活动才能达成，而社会福利服务活动的开展又需要依据社会工作专业的知识、伦理、方法及技巧来确保其功效。社会工作是一种专业的知识体系，包括专业伦理、知识、方法及技术。这种专业知识和技术是根据现代民主社会哲理和社会组织的原则、原理，人类行为的科学知识、专业诊断、治疗的原则来协助他人，改善环境。作为一种服务活动，社会工作是实现社会福利的手段。如果没有社会工作的具体操作，社会福利就不可能具体化和付诸实施，不可能达到预期效果。

第三，社会福利是社会工作的主要领域，但不是全部内容。社会福利主要提供物质帮助，而社会工作不仅提供物质上的帮助，还提供精神上的帮助，着重在于提高发掘受助者自我发展的能力。因为，以我国目前的经济社会发展水平，现有的社会福利还只能是狭义的，并不是每一个社会成员都能享受到这些服务，某些成员可能因为身体、心理或社会障碍无法得到这些福利，这时就需要社会工作者提供帮助,帮助受助者的发掘自我潜能,同时鼓励受助者自立自强,增强其自己解决困难的能力。

随着我国社会福利事业的飞速发展,越来越多的社会工作专业方法、工作技巧正被引入到社会福利领域中,因此社会福利与社会工作的结合也必将更为紧密,新一代的社会福利工作者和服务者应当熟练掌握各种社会工作的专业方法,学会运用社会工作的知识来解决各种社会福利问题。

第二节　社会福利的理论研究

现代社会福利是工业化、社会化大生产的产物,其实施与政府的行为联系在一起,它是现代社会经济制度必不可少的一个组成部分。社会福利理论也是在工业化、市场化、社会化的过程中产生的,其发展与福利经济理论的发展紧密地结合在一起。

一、福利经济学理论

(一)福利经济学的思想渊源

福利经济学是资产阶级经济学的一个分支,它的产生以庇古(Arthur Cecil Pigou)《福利经济学》一书的出版为标志,从此,"福利经济学"一词广为流行,庇古因而被称为"福利经济学之父"。庇古福利经济学的思想基础是边沁(Jeremy Bentham)的功利主义哲学及霍布森(John Atkinson Hobson)的最大社会福利思想。

1. 边沁的功利主义哲学

福利经济学理论是以边沁的功利主义原则为哲学基础的。在边沁看来,使自己获得最大幸福是人生的最终目的,所以在人的发展过程中就要不断增加幸福总量。边沁认为，幸福总量通过伦理来实现计算。另外在边沁看来，所有人的功利主义原则也即是趋利避害的伦理原则，功利主义的最高目标就是实现“最大多数人的最大幸福”。

边沁认为启蒙思想家提出的自然法学说和社会契约学说虽然曾经产生过十分重要的影响和作用，但自然法和社会契约并不是人类让渡权利以组织社会和政府的原因，人类这样做的最终原因就是功利。他说：“这种原则为我们提供了我们需要的理由，只有这个原则，不用依赖任何更高的理由。这个原则本身就是解决任何实践问题的唯一和完全充分的理由。”①边沁认为，主宰整个人类社会的是痛苦和快乐。他说：“大自然把人置于两个最高主宰——痛苦和快乐的统治之下。只有它们才指明我们应当做什么，以及决定我们将要做什么。一方面是正确和错误的标准，另一方面是因果链条，都被紧紧缚在它们的宝座上。我们所做、所说和所想的一切都受它们的支配。”他还指出，人类的行为一般都具有趋向性和背离性，人们总是趋向一个共同的目标，而这个共同的目标就是幸福。“任何行动中导向幸福的趋向我们都称为功利，而其中背离的倾向则称为祸害。”这种趋利避害的功利倾向是所有人行动的原则。

那么什么是幸福？按照边沁的说法：快乐和痛苦，自己了解得最清楚，幸福也是如此，每个人对于自身的幸福都有自己深刻的体会，感受得最深，能够判读自身是否幸福。同时，具有理性的一切人其生活的最终目的就是实现自己的最大幸福。在人类社会生活中，决定人们行为的一个重要原则就是自利，这一原则在个人行为和政府行为中都是适用的，也就是说增进幸福抑或减少幸福的倾向是决定人们行为的准则，个人和政府都是按照这一准则行事的。按照边沁的看法，个人构成社会，成为组成社会的一分子。个人的幸福的总和构成整个社会的幸福。最大多

① 边沁著；沈叔平译.政府片论[M].北京：商务印书馆，1995，第158页

数人的最大幸福成为衡量社会幸福的标准。如果增加社会的利益即最大多数人的最大幸福的倾向比减少的倾向大，这就适合于功利原理。

在经济学、政治学之中已经广泛运用了边沁的功利原理，功利原理成为衡量各种法律、各种经济制度和经济政策恰当与否的重要标准。他指出，为了更好地协调个人利益和社会利益的关系，国家、政府尤其是法律是必不可少的，是实现幸福的重要保证。但是，国家、政府和法律所施加的干预必须尽可能限制在最低程度，不能妨碍个人最大限度地追求自己的幸福与快乐。据此，边沁对当时大部分由政府颁布实施的社会立法表示反对。例如，他对强调个人责任与义务的新制度表示支持，而对工厂法却表示反对，认为这些社会立法尽管是趋向社会幸福，但它们牺牲或者限制了个人行动的自由，因而妨碍了个人最大限度地追求自己幸福的自由。边沁的功利主义社会思想进一步“清洗了当时残存的各种旧的社会价值观念，直接将追求幸福与民众福利作为指导人们各种行为的目标”①。

2. 霍布森的最大社会福利思想

霍布森首先提出以“社会福利”作为经济学研究中的新主张和新方向。他认为：财富是福利的基础，而追求福利是人生的目的。人类通过土地、劳动、才能、资本等力量把财富生产出来的。生产的过程即是消耗人类成本的过程，但也包括积极的快乐与享受；通过人类的消费活动可以享受效用，但消费的过程也包含着成本与痛苦。他认为使劳动痛苦降低到最低程度是生产力配置的主要任务，从而促进消费品的分配，使其社会效用不断扩大，直至最大值，即要求用最少的“人类成本”取得最多的“人类效用”，从而获得最大的社会福利。为了保证“最大值的社会福

① 丁建定，魏科科. 社会福利思想[M]. 武汉：华中科技大学出版社，2005，第192页

利”，国家应当通过税收政策消除财富分配不均，同时国家还应该不断推动社会福利制度改革，实行比较充分的失业救济、免费医疗、老年抚恤金等合理、健全的社会福利政策，直接管制一些特别的企业，合理地协调个人利益和国家利益，从而充分实现“最大多数的人的最大幸福”。

（二）旧福利经济学的基本思想

庇古（1877—1959），英国剑桥经济学派的代表之一，曾任剑桥大学教授，英国皇家科学院院士，并曾在英国货币、税务等机关任职，是福利经济学的鼻祖，被誉为“福利经济学之父”。庇古以完全竞争为前提，在马歇尔等人的一般经济理论研究基础上，对福利概念及其政策应用进行了详细系统的阐述，建立起了福利经济学的理论体系。相对于以后的福利经济学来说，庇古的福利经济学被称为旧福利经济学。

庇古将福利分为两类：一类是广义的福利，即“社会福利”；另一类是狭义的福利，即“经济福利”。广义的福利包括由于对财物的占有而产生的满足，涉及“自由”“家庭幸福”“精神愉快”“友谊”“正义”等内容，但这些是难以计量的。而经济学所要研究的是可以用货币计量的那部分福利，即经济福利。经济福利虽然只是总福利的一部分，但却具有决定性的影响，它可以在一定程度上反映社会福利的状况。

庇古认为：个人行为就在于求得最大的满足，社会福利就是所有个人满足或个人效用的总和。他声称自己编写《福利经济学》一书的目的，就是研究在现代实际生活中影响社会福利经济的重要因素。庇古的福利经济学的社会经济福利概念包括两个基本命题：第一，国民收入量越大，社会福利就越大；第二，国家收入分配越是均等化，社会福利就越大。庇古认为经济福利在相当大的程度上受两个因素的影响：一是国民经济收入的数量；二是国民经济在社会成员之间的分配情况。

按照第一个命题，要增加社会福利，就必须增加国民收入的总量。要增加国民收入的总量，就必须增加满足社会需求的社会生产量。而要增加社会生产总量，就必须使生产资源在各个生产部门的配量达到最适宜的程度。这样，生产资源的最适宜程度问题变成了庇古福利经济学的重要内容之一。这里的最适宜的程度指要使生产者个人从他所生产的产品中获得的利益恰恰等于整个社会从这种产品中获得的利益。但在一般情况下，两者往往是不相等的，这就要求国家通过财政和税收等经济手段进行合理调节。政府通过调节作用，增加国民收入的总量，从而增加社会福利。

按照第二个命题，要增加社会福利，就必须实现收入分配的"均等化"。庇古认为高收入者的货币边际效用小于低收入者的货币边际效用。也就是说，同样一英镑或一美元对穷人的效用比对富人的效用大。所以应把富人的一部分财富转移给穷人，转移可以采取"自愿转移"和"强制转移"两种方法。"自愿转移"就是指政府将其收入的一部分用来举办教育、娱乐、保健等福利事业，或者创办一些科学和文化机构；"强制转移"就是指政府通过征收累进税和遗产税等，把富人缴纳的一部分税款用来兴办社会福利设施。如发放养老金、实行免费教育、提供失业保障和医疗保险、房屋供给等，让低收入者享用。因为这些收入转移将会增加穷人的实际所得，这样也就可以实现"收入均等化"。在资本主义制度下，不可能真正实现收入均等化，但庇古提出来的"财富转移支付"及改善社会福利的理论，对西方国家的社会保障产生了重要影响。

（三）新福利经济学的基本思想

西方经济学家把 20 世纪 30 年代以后在批判庇古福利经济学基础上建立起来的福利经济学称为新福利经济学。新福利经济学起源于数理学派的帕累托，代表人物有霍特林、勒纳、卡尔多、希克斯、西托夫斯基、萨缪尔森等。随着垄断资本主义不能完全适应垄断资本的需要，一些经济学家便提出了一些新的论点，对旧福利经济学进行修改，并以所谓新福利经济学的面貌在20世纪30年代末取而代之。20世纪30年代是实证经济学大发展的时期，庇古的福利经济学首先受到英国实证经济学者罗宾斯的批判。罗宾斯(L. C. Robbins)在1932年发表了《论经济科学的性质和意义》一文，对庇古的福利经济学进行了批判。罗宾斯特别批评庇古根据“个人之间效用的可比性”提出的收入均等化的命题。其后意大利经济学家帕累托、英国经济学家勒纳、美国经济学家柏格森相继提出了自己的福利经济学观点。卡尔多(N. Kaldor)于1939年出版了《经济学的福利命题和个人之间的效用比较》一书，对福利经济学进行了进一步发展，认为福利经济学的出发点是为帕累托最优准则。在此基础上，帕累托最优准则得到了卡尔多、希克斯、伯格森和萨缪尔森等经济学家的进一步修正和发展，创立了新福利经济学。第二次世界大战后，新福利经济学在西方各主要资本主义国家得到了广泛的传播和进一步的发展。

1. 运用“序数效用论”“无差异曲线”“消费可能曲线”等方法，对社会福利问题进行的探讨

根据序数效用论，我们不能用具体数值来表示物品的效用，但可以用序数来进行比较。由此我们可以判断，对于物品的组合，任何人都是可以根据个人的偏好进行，组合的形式多种多样。不能说明哪种组合效用大、福利多，只不过表明个人对物品的趣味不同。根据无差异曲线，可以认为消费者的满足程度可以是由两种商品的不同组合给予的，为了达到自己的满足程度，在损失了一定数量的甲种物品时消费者就可能用一定数量的乙种物品来补偿。另外，因为效用是不能够相叠加的，这样就不能比较每个人的效用偏好，因此力求达到最高的满足水平对于消费者来说就成为追求最大满足的途径，即最高的无差异曲线。这就丰富和完善了庇古的福利经济学理论。

2.发展了经济效率与实现帕累托最优状态的原则

新福利经济学家认为,效率问题应当是福利经济学研究的主要内容,最大福利的内容主要是提高经济效率问题。勒纳、霍特林等人对此作出了相关论述,并说明了经济福利。他们认为,为了促进社会经济的发展,使社会经济达到帕累托最优状态,必须具备交换的最适度条件和生产的最适度条件,这个条件就是所谓的经济效率。所谓交换的最适度条件就是指通过完全竞争手段,通过市场交换使得交易双方都获得了最大满足的条件;所谓的生产的最适度条件就是通过完全竞争的实施,最优配置生产要素,从而生产出所必需的产品的条件。

3.提出了“补偿原则”

新福利经济学认为,帕累托的最优状态“具有高度限制性”。为了扩大帕累托最优条件的适用性,福利标准和补偿原则成了一些新福利经济学家研究的主要方向。卡尔多和希克斯等人提出了补偿原则。补偿原则的内容是,通过改善一些社会成员的经济状况,补偿了其他社会成员状况的恶化,这时就可以认为社会福利增加。根据这一原理,国家采取某一政策措施,通过使一些人受益,而使另一些人受损,总体看来,如果收益总额超过损失总额,政府就要向受益者征收特定租税用以补偿受损者。

4.提出了“社会福利函数”理论

伯格森、萨缪尔森等人对卡尔多、希克斯等人提出的补偿理论进行了批判。1938年,伯格森提出研究社会福利函数的新方案,这一论断发表在其《福利经济学某些方面的重新论述》一文中。社会福利函数论更加关注个人的主观感受,认为对受益者的补偿是否恰当在事前是不可能预测到的,只有受益者感受到才能做出决定。因而补偿原理并不是科学的。在社会福利函数论者看来,最大福利的必要条件是经济效率,最大福利的充分条件是合理分配。“社会福利函数”就是将所有分配方面及其他支配福利的因素融合起来构成一定的数值，福利最大化就是当这个函数达到最大值时。通过这一理论的论述，我们可以发现社会福利和一些影响社会福利的因素之间相互关联、相互影响，形成了一定的函数关系，由此各种不同的组合可能会发生。在一定的收入分配条件下，个人对各种不同组合的偏好选择取决于社会福利的最大化。因此，个人的自由选择必须得到政府的保证，使其进行“合理的”分配，才能保证实现社会福利最大化。

第二次世界大战爆发以后，在伯格森、萨缪尔森等人提出的社会福利函数的基础上，阿罗继续进行深入的研究。在1951年出版的《社会选择与个人价值》中，阿罗认为：“社会福利函数必须在已知社会所有成员的个人偏好次序的情况下，通过一定程序把各种各样的个人偏好次序归纳为单一的社会偏好次序，才能从社会偏好次序中确定最优社会位置。”[①]在福利经济学中阿罗定理被称作“不可能定理”。阿罗的真实意愿是通过大量的论证修正或者补充伯格森、萨缪尔森等人的社会福利函数理论，但客观上对不可能从个人偏好次序达到社会偏好次序提出合理的论据，也就是不可能得出包括社会经济所有方面的社会福利函数。另外，杜森贝里提出了福利的相对性问题，认为每个人的消费支出，不仅受自身收入的影响，而且受周围人的消费行为及其收入和消费之间的相互关系的影响。因此，福利永远不能得到满足。由此可以看出新福利经济学的缺陷。

尽管新旧福利经济学都存在一些理论和操作上的缺陷，但福利经济学的诞生和发展为“福利国家”社会福利的发展提供了理论依据，从而促进了发达国家社会福利制度的建立和发展。

① 福利经济学：正义·公平·效率[N].东方早报，2008－12－01

二、"福利国家"论

福利国家论是关于国家性质问题的一种改良主义理论。它宣扬现代资本主义国家的性质已经发生了变化,变成了为全民谋福利的"全民福利国家"。福利国家论的思想首先出现在德国,而后流传到英语国家。18 世纪 60 年代德国学者尤士提在《国家权力和福利的基础》一书中提出了国家经济政策是为了全体臣民利益的观点。20 世纪初,以英国的韦伯夫妇为代表的费边社会主义者由于提出对残、疾、老、幼及失业者实行社会服务的主张,以代替"济贫法",被称为"福利国家"概念和政策的最先的充分的制定者。此后,英国的工党接受费边社会主义的思想,把实现福利国家作为党的纲领。

具体来说,"福利国家"论的主要内容包括以下几个方面。

(一)"混合经济"论

混合经济的概念最初来自英国工党的理论,他们把实行某些"国有化"措施的经济称为"混合经济"。凯恩斯在《通论》中指出,挽救资本主义制度的"唯一的切实可行的办法"就是扩大政府职能,"让国家的权威和私人的策动力互相合作",这是混合经济论的由来。究竟混合经济是怎样的一种经济,资产阶级经济学家作过各种各样的解释。

新福利经济学的代表人物之一勒纳说"混合经济"这个名词包含有利润动机的私人企业的因素,又包含有集体主义的因素。汉森把"集体经济"叫做"双重经济",按照他的解释,"私人拥有生产资料,而政府越来越多地提供社会服务",私人资本主义经济和"社会化经济"混在一起,便是"双重经济"。其中,社会化经济包括"生产工业社会化"和"收入与消费的社会化"。消费的社会化主要针对公共卫生、住宅、社会保险、福利开支等,因而汉森把双重经济分为"生产上的公私混合经济"和"消费上的公私混合经济”或“双重生产经济”和“双重消费经济”。他认为混合经济就是单纯个人主义的经济向以社会福利为重点的公私经济过渡的一种经济类型。事情仍由私营企业来做，政府只需支出大量的经费来帮助私营企业，实行“公私合作”。

萨缪尔森对“混合经济”的解释是：至少在两种含义上，我们的制度是混合的，政府限制私人的主动力量；垄断的成分限制完全竞争的作用。他认为所有的资本主义国家对经济能起的作用越来越大，政府开支不断扩大，国家对收入进行再分配，政府对经济进行干预和控制等。这样，政府和私人对经济同时发生作用，使其成为“混合经济”。瑞典学派的缪尔达尔也是混合经济的宣扬者，持有类似的解释。他认为混合经济的优越性在于：私营经济关心的是利润，国营经济关心的是社会福利，在混合经济中，私营经济和国营经济的效率互有高低，它们可以通过竞争达到提高效率的目的。

（二）收入均等化

英国工党的纲领首先把“收入均等化”作为福利国家的重要内容。1918 年，韦伯在为工党草拟的纲领中提出了通过征税的办法来平均收入，并把这一主张说成是“国民财政领域中的革命”，宣扬要通过“收入均等化，走向社会主义”。汉森主张以累进税来实现国民收入的均等化，并声称这是福利国家的一个重要特征。按照西方经济学者的说法，高额累进税率是有利于穷人的收入再分配的重要手段。萨缪尔森曾说：公平和效率总是处于冲突之中，当市场制度不能保证最低生活标准时，公民通过他们的政府，用政府的支出来补充某些人的实际或货币收入。总之，收入均等化就是用财政政策，主要是税收政策和转移支付政策，把国民收入不断增加的部分从比较富裕的人手里转移到比较贫穷的人手里。在税收政策方面，采取累进税制以消除财产和收入的不平等；在转移支付政策方面，由政府举办各种社会福利设施以保证穷人的最低生活标准。

(三)社会福利政策

在第二次世界大战期间,1942 年 11 月,英国政府责成以贝弗里奇为主席的社会保险和联合事业委员会提出一个题为《社会保险及有关服务》的报告,这个报告被称为著名的《贝弗里奇报告》。贝弗里奇把当时英国存在的财政匮乏、疾病、无知、贫穷和怠惰称为"五害",他向英国政府提出了建立福利国家的方案,主张实行失业、残废、疾病、养老、生育、死亡、寡妇等七个项目的社会保险和社会福利政策,以缓和社会矛盾。其主要措施可以归纳为三项,即社会保险、社会救济和自愿保险。社会保险用于满足社会成员的基本生活要求;社会救济用以满足特殊情况的需要;自愿保险用以满足收入较多的社会成员较高的要求和需要。贝弗里奇还针对贫困提出了一些社会保障原则,如基本生活资料补贴标准一致的原则、保险费标准一致的原则、补助金必须充分的原则、惠及的全面和普遍性原则、区别对待原则等。

第二次世界大战结束时,英国工党上台执政,全面推行贝弗里奇的福利计划,先后施行了多种社会福利法案,其中主要有《家庭津贴法》(1945 年)、《社会保险法》(1946 年)、《国民健康服务法》(1946 年)、《工业伤害法》(1946 年)、《国民救济法》(1948 年)等。其福利政策主要表现为发放救济金、养老金、贫困家庭补助金、失业补助金及免费医疗等。1948 年,英国工党宣布建成了"福利国家"。当时的首相艾德礼宣称:"1945 年以来制定的法案,铲除了贫困的真正根源,在我们的历史上提供了一种最低生活标准,没有一个人会在这种标准下生活。"①《贝弗里奇报告》也因此被西方经济学家认为是社会福利发展史上的一个里程碑,贝弗里奇本人也因此而获得了"福利国家之父"的称号。

以后,相继执政的西欧各国社会民主党也一直推行社会福利政策,举办各种社会福利设施。后来,西方各国的保守党也把

① 厉以宁.西方福利经济学述评[M].北京:商务印书馆,1984,第 164 页

它承袭下来，特别是在经济迅速增长的20世纪60年代，社会福利设施走向多样化，形成了一套全面的福利制度，即由国家提供一整套津贴补助、社会保险和公共救济的制度，包括失业救济、退休金、养老金、家庭补助金、医疗保险、卫生健康、住房补贴以及文化、教育等社会服务和设施。西方经济学家认为，实行社会福利政策，坚持社会福利制度，就能保障人们的最低生活水平，大多数人的物质生活就能达到相当水平。

第二章　我国社会福利制度的建设与创新

一个国家的社会福利制度往往是这个国家公民社会权利的体现，国家采用什么样的福利制度与国家的公民处在一个什么样的位置是双向决定的关系，也就是说，公民的地位和国家的福利制度是相互支撑、相互制约的。从长远来看，国家建立什么样的福利制度在很大程度上影响着国家与公民之间关系的形成。因此，我国社会福利制度体系的建立不仅要以我国人民为基准，还要以我国国情为基础，考虑到中国长远的政治发展，从而建立适合中国国情，能够有效推动中国社会政治全面发展的总体目标的社会福利制度。我国正处于社会主义转型期间，在这个特殊时期，更应当建立起良好的社会福利制度，为塑造良好的国家与公民之间的关系打好坚实的基础作出应有的贡献。

第一节　社会福利制度概述

社会福利有着广义社会福利和狭义社会福利之分，因而相应的社会福利制度也有着广义和狭义之分。本书就广义的社会福利制度作出研究，详细地论述了社会福利制度产生的历史背景、概念、目标和构建原则等，同时还进一步明确了社会福利制度和社会福利体系两者之间的差别。对以后进一步详细研究我国的社会福利制度奠定了基础。

一、社会福利制度产生的历史背景

经济基础决定上层建筑。任何社会制度的产生都有其特定的社会背景，都是社会生产力发展到一定阶段的必然产物，社会福利制度也不例外。社会福利制度产生的历史背景概括起来说有两个：一是经济背景，二是社会关系背景。

18 世纪下半叶，资本主义工业革命开始萌发。它是社会生产力发展的必然产物，同时它又推动了社会生产力的进一步发展。工业革命加速了工业生产工具的改进与升级，进而带来了一系列的连锁变化。在英国，建立起了以纺织业为龙头的产业结构体系。产业革命是资本主义从工场手工业阶段向大机器工业阶段的过渡，因此原来工场手工业阶段的生产工具根本无法满足当时英国纺织业发展的需要，从而带动了机械制造业、交通运输业的发展。19 世纪中叶，英国成了“世界工厂”，急需大量的原材料和劳动力来满足纺织业发展的需要。于是，发生“羊吃人”的圈地运动。随着工业革命的进行和圈地运动的发生，导致一系列的社会问题，如失业、贫困、住房问题等。圈地运动后只有少数农民能够进入工厂成为工人，绝大部农民成为无地无业的流浪游民，或者沦为乞丐，食不果腹、住无定居的惨象随处可见。这种残酷的现实就要求必须有社会福利来保障这些弱势群体的基本生存问题。随着工人阶级对这种现状的不满，不断地与资本家进行抗争，英国政府为了维护统治和正常的生产秩序，逐步给工人阶级以一定的社会福利。

另外，在市场经济条件下，国民的福利需求日益凸显出来。市场经济是一种竞争经济，竞争机制是市场经济的一个重要机制。竞争的结果是优胜劣汰，会导致两极分化，富的越富、穷的越穷，形成“马太效应”。在激烈的竞争中被淘汰出局的社会成员都面临着失业、贫困等问题，失业和贫困群体数量太大对经济社会发展不利，会带来一系列负面影响，于是政府从社会稳定、经济持续发展的角度出发也会制定相应的社会福利措施以在一定程度上来满足这些群体的福利需求。

除了上述经济背景以外，阶级矛盾和阶级斗争也是促进社会福利制度产生的一个重要因素。工业革命和圈地运动的间接结果就是出现了严重的贫富差距、阶级分化现象。工人阶级的艰难处境必然导致与资产阶级之间关系的恶化，因而不可避免地出现了阶级矛盾和阶级斗争。无产阶级的斗争给资产阶级造成了一定的冲击。因此，资本主义国家为了维护自己的统治，相继开始福利立法，出台相关的社会福利制度，予以工人阶级相应的福利待遇。

二、社会福利制度

（一）社会福利制度的概念

制度是由人制定的，它实质上是一种行为模式或者行为规则，也是人们对自己的行为进行约束的一个标准。制度与人们的生活紧密相连，因而，它具有一定的实体性。我们在日常生活中经常见到的原则、规则、准则以及程序等都属于制度的范畴。制度代表了一定的社会期望，它是一定的社会观念的集合。因而，从这个层面上讲，它具有一定的价值性特征。社会福利制度是众多的制度之一，而社会福利制度本身又包含了许多的内容，可以说社会福利制度是一种制度组合。同其他的制度相同的是，社会福利的演进和变化以及它的设计、制定和执行受到经济、政治、社会因素的制约和影响。在此基础上，制度的本质被不断强化。

经济的发展、社会的进步使得社会福利的内容逐渐增加，社会福利制度因而也伴随着社会福利的发展而逐渐成熟起来，在当今形势下，国家和社会对社会福利的认识越来越全面，也越来越重视社会福利制度的构建。国家逐渐开始以主体的身份介入社会福利提供的结果。每个国家历史背景不同的缘故使得它们的起步也就不同。社会福利由于受到社会经济发展水平的制约，再加上社会福利本身就有范围的差异，也就是说社会福利有广义和狭义之分，因此每个国家在社会福利制度方面也有了广泛和狭隘的区别。在如何定义广泛的社会福利和狭隘的社会福利之间,各国对此的划分标准有一定的不同,但总体而言,广义的社会福利制度保障的对象是公民,具体是公民的基本生活需要和社会权利,而实施手段就是法律和政策法规,说得通俗点就是国家为社会福利的实施所做的制度安排。相对于广义的社会福利而言,狭义的社会福利范围相对更小,更加具有针对性。它的设立主体也是国家,实施手段也是法律,而它针对的对象范围明显缩小,主要是特殊群体或弱势群体,目的是为这些人群提供的福利性保障制度[①]。由定义可以看出,广义的社会福利制度和狭义的社会福利制度最大的不同就是覆盖的人群范围的广狭。即根据其覆盖人群的范围及规模可分为普惠型的福利制度和残补型的福利制度。

(二)社会福利制度的构建原则

从社会福利制度的实践看,各国社会福利制度的形成包含了一些共性原则。概括来看主要有以下几个方面。

1.适应性原则

福利制度的构建往往不是单方面的社会活动,它的构建受到各种条件的制约。在特定的历史条件下,社会福利制度的内容也不同,也就是说,这一原则体现了时空条件对福利制度构建的根本性约束。和任何制度的构建形成一样,社会福利制度的形成和发展与经济社会发展紧密相连,并适应这些客观条件,这是社会福利制度得以形成并发挥作用的基本原则。由于各国的政治、经济、文化和历史条件的不同,因此,各国的制度政策也有很大的差别,社会福利制度更是如此。各国的社会福利制度都是基于特定的经济基础和经济体制、社会结构以及文化背景来构建的,并随这些宏观条件的变化而做相应的调整和完善。因

① 钱宁.现代社会福利思想[M].北京:高等教育出版社,2006,第5页

此，每个国家的社会福利制度都不是一成不变的，而是与经济发展相适应的，一个国家的工业化水平、政府的财政实力很大程度上决定着社会福利制度的完善程度、惠及的范围。也就是说，其实质就是国家经济水平在人道上的体现。适度的社会福利制度要保持福利程度与社会发展相适应，要求福利制度与一个社会的人口年龄结构、就业结构、阶层结构相统一，形成合理的制度体系结构，保持适度的覆盖范围。不同的国家因为各自文化背景的不同，其社会福利的内容和程度也不同。因此，社会福利制度还应该与文化传统相适应，要求福利制度与一个社会的传统习俗相统一，使福利制度易于为社会成员所接受，以减少制度实施中的交易费用。

2.强制性原则

每个制度的出台都必须用强制手段才能付诸实践。强制性原则是正式制度得以形成并付诸执行的基本原则。福利制度的形成都是在政府主导下，通过法律、法规、政策等正式制度的形式，自上而下建立并付诸实施的。政府的强制手段往往能使制度的实施更加到位。因此，只有政府才有能力将社会对福利产品的需求上升为制度供给，并使社会福利成为一种预防和化解社会风险的机制；福利制度一经执行，家庭、社区、政府、市场、社会组织就只能在既定的福利制度框架内享有权利和履行义务，而不能越过其特有的范围，享有其他领域的权利。

3.渐进性原则

无论是社会福利制度的形成还是其构建都不是一蹴而就的，它是一个渐进的过程。渐进式改革是制度变迁的一种模式，是社会福利制度发展的一般规律。社会福利制度受各种因素的制约，坚持渐进性原则，就是要明确制约制度的内部因素和外部因素，沿着由点及面、从简至繁、循序渐进的轨迹，进行层次式的推进、适应性调适、阶段化发展的思路推进制度建设，推动单项制度由不完善到完善、制度体系由短缺到完整,逐步使社会福利制度走向成熟和完善。

4.层次性原则

社会福利制度的构建不是杂乱无章的,是沿着一定的轨迹层层推进的。层次性原则是社会福利制度结构设计的基本原则。由于社会生活状态各不相同,加之社会风险程度也不同,按照不同机制设计具体的福利项目和制度,建立项目多样、保障有别、涵盖全面的福利制度体系。在福利内容上,既要有保障人的基本生活的生计性福利,也要有改善人的生存质量的发展性福利;在制度类别上,形成包括社会救助、社会保险、社会福利、社会慈善在内的梯次制度结构;在筹资机制上,既要有财政预算方式,也要有社会统筹方式,还须有混合式筹资方式。

(三)社会福利制度的目标

上文已经提到过,社会福利制度与社会福利密切相关,而二者又同社会发展紧密相连,社会福利制度的制定是为了解决某些社会问题,具体而言就是通过一系列政策出台及实施帮助社会成员解决生计问题,进而实现社会稳定,推动社会发展。

美国学者怀科特认为,社会福利制度可以通过三条途径来满足人们的需要:减少困难、增强人们克服困难的能力、提供所需的资源,这也是社会福利制度的主要功能①。社会福利制度是一个复合型的制度体系,其功能特质使它成为社会发展的动力与保障。查尔斯·扎斯特罗认为:“社会福利的目标是促使社会中的每个人都能满足社会、经济、健康与休闲的要求。社会福利企图使社会中各个年龄层的人,且不论贫富都能增强社会性

① 威廉姆·H·怀特科,罗纳德·C·费德里科著;解俊杰译.当今世界的社会福利[M].北京:法律出版社,2003,第82页

功能的运作。”①

对于社会福利的受益对象而言，社会福利制度为社会成员提供了基本生存保障，从而可以提高人们的生活质量，使其充分分享到经济发展成果，从而促进社会和谐。由此看来，社会福利制度对于社会政治、经济的发展都有重要作用，因而，社会福利制度的目标具有政治、经济与社会的含义。

1. 政治目标

在社会福利制度所蕴含的政治目标方面，波兰尼曾提出社会福利制度是针对现代资本主义的“保护性反应”，在现代资本主义里，社会福利制度是一个必不可少的成分。对于维护社会稳定有着非常重要的作用。在资本主义社会中，工人阶级和资本主义阶级的矛盾经常发生，而社会福利制度的实施一定程度上降低了这些大规模群体性事件发生的概率。也正因为如此，西方国家最早产生了对社会福利以及社会福利制度的研究和探讨。好多学者直接将对“社会福利制度”的研究上升为对“福利国家”的研究，持这种观点的学者认为，社会福利制度是整个国家政策制度的一个具体的反映，它客观上体现了一个国家的政治社会管理。它弱化了资本主义国家两个阶级（资产阶级和无产阶级）的对立关系。通过制度的形式把社会的不同阶层和收入群体团结起来，进而有助于统治阶级更加科学地进行管理。

2. 经济目标

社会福利制度中蕴含的经济目标体现在它与市场经济的相互关系中，学术界倾向于将社会福利制度作为经济体系运行的有效补充，认为社会福利制度是对于市场失灵的最佳解决方案。但是，由于市场本身主要是以价值规律为导向的，而且各种制度

① 查尔斯·H·扎斯特罗著；王军霞译. 社会福利与社会工作[M]. 北京：中国人民大学出版社，2005，第4页

机制的制定都受政治经济等各方面条件的制约，因而难免在发挥优势的同时存在着不可避免的缺陷。社会福利制度作为一种社会制度，它与市场经济紧密相连、相辅相成。社会福利制度是社会经济发展到一定阶段的产物，是以经济的发展为前提和基础的。同时，由于其能够维护社会稳定，因而对于经济发展会起到一定促进与推动的作用。除此之外，社会福利制度的实施对一定人群的生存和生活起到了一定的保障作用，因而可以刺激具有消费需求而又没有经济能力的这部分人群去消费，拉动内需，从而刺激生产，推动经济的发展。其也可以通过这样的方式实现个人及社会储蓄的增加，进而影响社会经济的运行。

3. 社会目标

社会福利制度中蕴含的社会目标充分体现在“发展”的理念中。联合国在《第二个发展十年活动纲要》中指出：“发展的最终目的是为所有的人民能更好地生活提供日益增多的机会，其实质就是对收入和财富实行更平等的分配，以促进社会公正和生产效率，提高实际就业水平，更大程度地保证收入并扩大和改善教育、卫生、营养、住房及社会福利设施，以及保护环境。”[①]这种对于发展的界定与社会福利制度的目标契合度较高，因为社会福利制度中的社会目标就是提升社会成员的生活水平，促进社会经济的协调发展。社会福利制度的最终落脚点是“人”，是为了人的生存环境的改善及生活水平的提高，进而能够更好地促进人的发展，促进社会的发展。

社会福利制度最初产生于资本主义国家，因而，从它产生之初，就被赋予了促进社会发展的任务。作为一种促进社会发展的有效的制度性工具，它的受益群体是全体社会成员，它为有效地防止贫富分化作出了重要贡献。社会福利制度的实施使个体能充分分享社会发展和进步的成果，有效地促进人的发展和社

① 郑功成.中国社会保障论[M].武汉：湖北人民出版社，1994，第370页

会的发展。

三、社会福利体系与社会福利制度比较

好多学者对“体系”与“制度”之间的差别和联系进行过比较研究，也有许多人将两者混为一谈。“社会福利体系”和“社会福利制度”虽然只是一词之差，但它们所涵盖的内容却有着很大的不同，不仅在概念上存在着差异，而且在许多方面都有很大的不同，具体表现在福利主体的确定、福利客体的认定、福利手法的选择、福利内容的设计、福利效果的完善等方面。

（一）社会福利体系

1. 社会福利体系概述

从词源上看，体系（System）是指“若干有关事物或某些意识互相联系而构成的一个整体”，从这个角度上说，体系和系统具有非常相似的特点，它们都是指一个由若干个相互联系的组成部分而构成的有机整体。由此，对于社会福利体系而言，我们可以根据体系的基本概念将其看成是由若干组成部分组成的一个“福利整体”。这个“福利整体”具有福利性和利他性的特征，同时又具有制度性、专业性、服务性。它的根本目的就是为公民的物质生活带来保障、为精神生活带来慰藉、提升他们的生活质量。这个“福利整体”是由若干举措和手段构成。世界上关于社会福利体系的构成可以用下图表示，如图 2-1 所示。

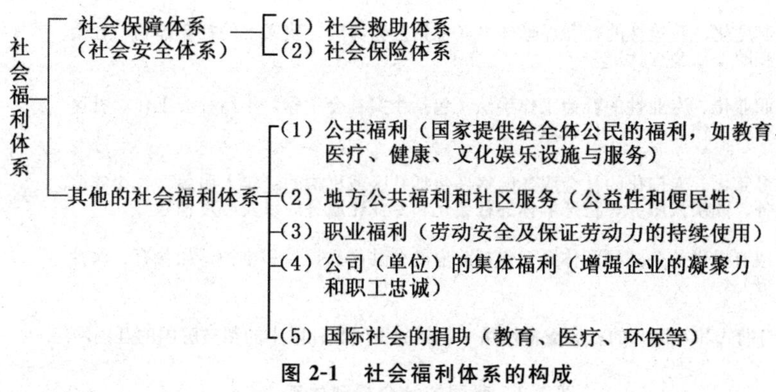

图 2-1　社会福利体系的构成

在上述体系中，将社会福利归纳为社会保障体系和其他社会福利体系两大方面，从内容上，它包括了社会保障体系、公共福利体系、职业福利和单位福利体系、社会服务体系和慈善及捐赠提供的福利体系等五大部分，由此构成了比较完善的社会福利体系。

参考国际经验和各国的社会福利体系，结合我国自身的国情实际，我们对社会福利体系进行了一个新的定位：社会福利体系应该包括一切社会化的、能给个体或特定群体带来实质性的满足感、幸福感，这个体系的特点是制度性、服务性、专业性，目的是帮助这些个体或特定群体来解决他们的实际问题。顾名思义，社会福利体系既有“社会性”的一面，又有“系统性”的一面。它不是孤立的某一方面的某一项福利手段，而是各种福利手段互相作用形成的一个福利系统，同时，只有依靠强大的社会福利系统，才能让更多的民众体会到社会经济发展的成果。社会福利制度是一个庞大的体系，它的落脚点是“社会”，因而，如果只是单独的“单位福利”，它的对象是单位员工，它不可以归为社会福利的范围。如果是“家庭福利”，它的对象是家庭内部成员，也不可以归为社会福利制度的范畴。从这个角度出发，我们可以得出，我国的社会福利体系可以用下图表示，如图 2-2 所示。

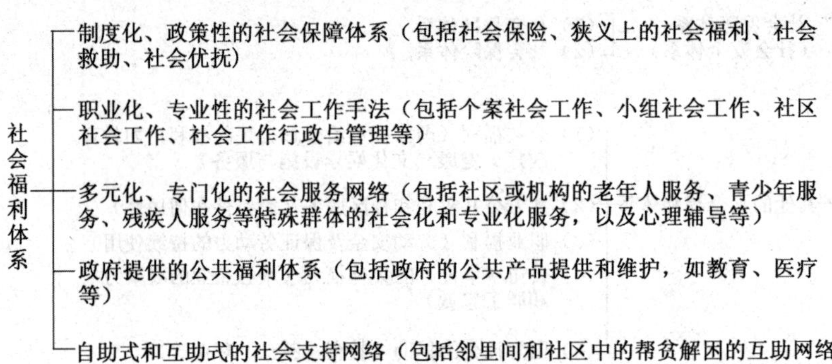

图 2-2　我国的社会福利体系

2. 我国社会福利体系的特征

上文已经明确了社会福利是一个体系，我国也不例外，特殊的国情使我国的社会福利体系具有与众不同的特征。具体表现在：

(1)“利他主义”的社会目的

社会福利体系的目的是“利他主义”，它是一个保障公民基本生活和提升公民生活质量以及社会福利水平的有机整体。社会福利体系与单一的社会福利(保障)制度有很大的不同，它不仅表现为对公民的基本生活保障，更把提升公民的生活福利水平作为自己的目标追求，因此，社会福利体系不是单一的制度，而是系统的有机整体。

(2)追求社会平等和公正

平等和公平是社会福利体系以及社会福利制度的一个重要原则。社会福利对其所面对的社会成员是一视同仁的，不同的社会福利所针对的社会群体虽然有所不同，但其实质是保护社会大多数人而且是相对的社会弱者。社会福利的功能发挥就是体现和促进社会平等与社会公正，它通过制度性、政策性以及专业化和职业化的多元化手段，来实现社会福利的最终目的，也就是最大可能地使社会成员能够在社会生活中都有平等的机会和机遇，实现社会成员人人平等，保障穷人或弱者的基本生存与生活的权利，同时尽量实现他们的发展权，在保障基本生存的基础上，不断提升他们的生活质量与福利水准，使他们充分感受到社会的温暖和关怀，能够和社会绝大多数群体一样，享受改革开放和社会发展的成果。

(3)以全民为服务对象

社会福利面向的是全体社会成员，社会福利手段多样化也是针对社会福利对象的多样化而产生的。由于社会福利对象是不同的社会群体，社会福利体系就会涉及多元化的福利手段，由于服务对象和服务手段的差异性，因此，社会福利体系与单一的社会保险、社会救助等的特定性不一样，它的服务对象是不同的，社会福利体系比社会保险和社会救助等所面对的群体更加广泛。它的服务对象或福利对象应该是包括社会保险、社会救助等对象在内的所有社会成员，其内容从单一的保险和救助扩大到社会成员生活的方方面面，服务的对象是全体社会成员。

(4)权利和义务的不严格对称性

社会保险往往对权利和义务有着严格的规定，也就是说，社会保险的接受者要承担相应的义务。而社会福利的承担者则不需要承担义务。

(5)非功利性和服务性

社会福利体系的构建不同于一般的商业机构，它不以营利为目的。这是社会福利体系最为明显的特征。无论是社会保障还是社会工作，抑或是社会服务，它们的根本目的不是营利，而是为特定的社会成员，特殊的社会群体服务。其基本目标是为社会成员提供非营利性、非功利性的社会服务，就其提供的“产品”而言，它的产品不同于一般的“商品”，社会福利体系提供的是公共产品，与“利己主义”相对应的是，它以“利他主义”基本理念为价值取向。

(二)社会福利体系与社会保障体系的不同

社会福利体系和社会保障体系(社会服务体系)不同，二者有很大的差异。

1. 责任主体不同

社会福利体系和社会保障体系的责任主体有很大的不同。相对于社会保障体系的主体而言，社会福利体系的责任主体更加广泛，数量也相对较多。社会福利体系的主体是包括政府、社会、第三部门以及社区支持网络等在内的多元化综合体系，而社会保障制度的责任主体主要是政府。

2. 客体对象不同

社会福利体系和社会服务体系的受益群体是不同的，也就是说它们针对的客体对象有很大不同，在群体种类和数量上，以及在程度上都有很大差异。一般而言，社会福利体系的客体对象范围更广，它包含了社会福利体系的客体对象。对于社会福利而言，其覆盖的范围相对较广，它涵盖了包括接受社会保障在内的公民，同时又包含了另一部分人群。对于这部分特殊人群而言，社会保障制度不能起到作用，因此需要社会福利来帮助解决不能解决的问题。社会保障制度所面对的群体范围比较小，且更加具有针对性，如老人、儿童、妇女以及残疾人等。

3. 内容不同

随着社会政治经济的逐渐发展，社会福利所涉及的内容越来越广泛。社会福利内容除了以往的物质关怀外，还涉及精神文化生活层面等各个领域。无论对于哪方面的内容，社会福利体系最终的目标就是提升人们的生活质量和福利水平。相比而言，社会保障制度因为其责任主体、客体对象的不同，因而内容范围就没有那么广泛。社会保障制度的内容的基本层面是社会保险，而它的最低层面是社会救助，最高层面是社会优抚、(狭义的)社会福利。在物质上进行保障与援助是社会保障制度的基本内容，也是它的主要内容，与社会福利另一个不同是，社会保障基本上不涉及精神层面的社会服务。

4.客体对象的责任不同

社会福利体系中客体对象的责任根据福利内容的不同而具有不同性质的责任。如社会保障制度中的社会保险就需要受保者承担一定的缴费义务才能享受到社会保障给付，而接受社会救助的对象则不需要承担任何责任，只要符合救助标准就可以相对无条件地接受社会救助。个人无须承担责任，特别是经济上的责任。又如接受专业社会工作介入服务的案主对象，只要与社会工作者取得专业接纳关系，就不需要担负其他任何责任。还如接受网络化和社会化服务的群体，一般说，根据服务的内容，其承担的责任也是各不相同的。相对于社会福利体系中的对象责任来说，社会保障制度中的对象责任是较为简单的，也是明显的。

第二节　我国社会福利制度的建立与发展

到现在为止，中国的社会福利制度的变迁可以分为四个阶段，分别是传统的社会福利制度、改革开放前的社会福利制度、改革开放后的社会福利制度以及进入 21 世纪以来我国的社会福利制度，下面对我国社会福利制度的建立和发展做详细的阐述。

一、我国传统的社会福利制度

(一)传统福利制度概述

传统中国的社会福利制度是家庭福利制度。在中国传统社会里，家庭是社会生活的核心，也是福利的提供者。在中国传统的观念中，家里的老人主要靠儿女赡养。在过去，一般的中国家庭中，一对夫妻往往养育4～6个孩子。而且，家里向来就有“长幼尊卑”“男女有别”的陈旧观念。长子往往承担较重的责任，具体承担着家族传宗接代和家庭财产继承的重大责任。另一方面还负担着给小辈做榜样，维护家族关系、家族利益的重大任务。传统的家庭中，家族往往是一个比较庞大的体系。即使是已经结婚的子女，也和父母住在一起，出现了三代同堂甚至多代同堂的局面。这在传统家族中被尊为典范，受到四乡八里的尊重和敬佩。之所以这么做，主要是为了便于一个家庭中的所有成员能相互照顾，这就是家庭福利制度的具体体现。

中国传统家庭具有三大基本功能。一是家庭的生产功能，这一功能主要体现在组织家庭成员参加生产上。生产包括农耕劳作或手工经营，人们通过各种形式的生产过程中获得收入。这时，从很大程度说，每个家庭就是一个生产单位。二是家庭的消费功能，这一功能主要体现在家庭维持全体家庭成员的衣食住行上。在传统的中国，包括现在好多农村，一提到家庭的富余与否，对于“富有”的概念，往往就会让人想起高大的住所，通常将其称为“豪宅”，但对于穷困家庭则可能只是一处窝棚，但不管怎样，总得有个住所。住所以家庭为单位来提供。在“住”的方面有差别，在“行”的方面也有显著的差别。对于大多数没钱的百姓而言，出行主要靠双脚，而对于有钱人而言，出行就靠轿子、马、马车等。这个贫富差距在“吃”和“穿”上体现更加明显。有钱人在食物上可以享受“细粮”“肉食”之类的精美饮食，而贫苦百姓只能靠“糟糠”度日。穿着方面更是两个极端，一边是“绫罗绸缎”，一边是“粗布麻衣”。总之，在中国的传统社会里，家庭为人们提供了衣食住行，成为了消费创造条件与可能，从很大程度说，每个家庭就是一个消费单位。三是家庭的保障功能，这一功能主要体现在家庭为全体家庭成员提供生活保障。在传统的中国，传统家庭显示出更为重要的功能，比起其他国家的社会福利制度，我国在过去的很长一段时间，传统家庭都发挥着社会保障的功能作用。我国传统的社会福利制度，如表2-1所示。

表2-1　我国传统的社会福利制度

<table>
<tr><th>福利类型</th><th>福利内容</th><th>具体福利项目</th><th>服务对象</th><th>经费来源</th></tr>
<tr><td rowspan="4">民政福利</td><td rowspan="3">社会福利设施</td><td>社会福利院</td><td>以收养无依无靠的孤寡老人为主，同时也收养孤儿、弃婴等</td><td>财政拨款</td></tr>
<tr><td>儿童福利院</td><td>收养无依无靠的孤儿、弃婴，主要是残疾儿童</td><td>财政拨款</td></tr>
<tr><td>精神病人福利院等</td><td>收养退伍军人中的精神病人及无依无靠的精神病人</td><td>财政拨款</td></tr>
<tr><td>社会福利企业</td><td>残疾人福利工厂</td><td>安排有一定工作能力又不能应付正常工作的严重残疾人就业</td><td>企业生产收益、减免税收</td></tr>
<tr><td rowspan="2">民政福利</td><td>社区服务</td><td>综合性的各种服务，如老年人服务、残疾人康复服务、心理咨询服务等</td><td>面向社区居民提供多种服务</td><td>财政补助、集体拨款、有偿服务收入、社会募捐等</td></tr>
<tr><td>收容遣送</td><td>收容、遣送等</td><td>面向流浪人口</td><td>财政拨款</td></tr>
</table>

续表

福利类型	福利内容	具体福利项目	服务对象	经费来源
职工福利	生活服务	职工食堂、浴室、理发室、卫生室、幼儿园、托儿所等	面向本单位职工及其家庭成员	企业:成本中列支的福利费和福利资金、机关事业单位、财政拨款
	文化福利	俱乐部、阅览室、老年人活动中心、影剧院、体育场所等	面向本单位职工及其家庭成员	企业:成本中列支的福利费和福利资金、机关事业单位、财政拨款
	职工住房	公房分配	面向有建设资金来源的单位职工	企业:成本中列支的福利费和福利资金、机关事业单位、财政拨款
	职工补助	探亲补助、交通补助、洗理费补助、取暖费补助、困难补助等	面向有建设资金来源的单位职工	企业:成本中列支的福利费和福利资金、机关事业单位、财政拨款
	其他福利	职工疗养等	面向有建设资金来源的单位职工	企业:成本中列支的福利费和福利资金、机关事业单位、财政拨款
公共福利	教育福利	特殊教育(聋哑学校、盲人学校)	面向盲聋哑青少年、儿童	财政补助,收费
		义务教育(中小学教育)	面向儿童及青少年	财政拨款,收费
		高等教育助学金等	面向高校学生	财政拨款

续表

福利类型	福利内容	具体福利项目	服务对象	经费来源
公共福利	价格补贴	粮油、副食补贴，其他社会补贴	面向城镇居民	财政拨款
	卫生福利	地方病防治	面向地方病发生区居民	财政补助
		传染病防治	面向传染病患者	财政补助
		儿童免疫	面向儿童	财政补助
	住房福利	住房分配	面向没有建房资金来源的单位的干部、职工	财政拨款

（二）传统福利制度的基本特征

1. 二元性

与其他社会保障制度一样，社会福利为广大城镇居民提供各种服务，并提高他们的生活质量。如职工社会福利的实施对象是城镇单位职工，公共社会福利服务的对象主要是城镇居民。农村居民较少享受到社会福利，他们能够享受的社会福利主要是民政社会福利，而且能够享受的人数非常少，社会福利待遇低下，社会福利项目较少。

造成这种社会福利二元性的主要原因有以下四个。

第一，由于我国实行了严格的户籍制度，与整个社会经济二元化相匹配的是城镇二元化的社会福利制度。

第二，由于我国的整体社会经济发展水平不高，国家没有实力为农村居民建立比较完善的社会福利制度，因为社会福利资金来源的一个重要渠道就是财政支出。

第三，我国农村社会经济发展水平远低于城镇。首先解决农村居民生活问题的是温饱，在没有解决他们的基本生存问题之前，很难通过社会福利制度的完善来提高他们的生活质量，这也是由社会福利制度的保障水平所决定的。

第四，长期以来，我国把社会福利政策实施的重点放在城镇，而比较忽视农村居民的社会福利制度建设。

这些问题不仅关系到福利制度本身的建设，更关系到国家和公民之间良性关系的构建，关系到公民对国家的归属和认同，关系到社会和政治的稳定，它们都应当是中国福利制度建设中应当着重考虑的问题。

2. 福利与就业和保险的三位一体性

这个特征主要表现在单位职工社会福利上。享受职工社会福利待遇的一个前提条件就是在某一个单位已经就业，而没有工作单位的城镇居民无法享受职工社会福利。单位职工只有在享受社会福利的同时，才能够参加社会保险。因此，在计划经济时代，我国的职工社会福利与社会保险和就业高度结合，形成了三位一体。

在计划经济时期，我国的单位职工福利带有强烈的政府色彩，政府通过制定各种政策和措施来规定职工福利的实施，而且政府也出资帮助单位从事职工福利。虽然我国的职工福利表面上看起来是单位行为，单位在举办和实施，但实质上是一种政府行为，单位在代替政府行使这方面的责任。因此，计划经济时期的单位职工福利可以被认定为是一种社会福利。

二、改革开放前我国的社会福利制度

新中国成立到改革开放前，在社会主义意识形态的指引下，政府建立了以公平为导向、基于就业的集体福利制度。在这种制度中，企事业单位、农村公社和政府成为公共福利的主要提供者，其中前者主要负责有单位或工作的人口及其家庭成员，后者主要负责单位制度之外的人口。福利服务的制度安排亦是如此。这一分阶段我国福利服务主要包括两个方面：首先是由单位包办的职工福利，其次是由国家包办的民政福利。

职工福利是指在工资和社会保险之外，企事业单位向其职工提供的旨在满足其基本、经常、共同或特殊的生活需求的各种福利措施和福利事项。

三、改革开放后我国的社会福利制度

改革开放以后，我国社会经济形势发生了很大变化。首先，人口的老龄化和家庭结构的4—2—1型。目前，我国65岁以上人口占总人口的比重超过了7%；残疾人有5 170万人，占总人口的4%～5%，涉及的家庭大约为18%。同时，家庭趋于小型化，生活压力增大。这些都需要通过举办社会福利服务来解决。其次，随着市场经济体制的建立，原来的职工福利必须社会化，否则企业等单位改革寸步难行；并且市场经济使得国民所面临的风险增大，这也需要改革计划经济时代下建立的社会福利制度。最后，随着人们生活水平的提高，我国城乡居民对自身的生活不再满足于温饱状态，提出了更高要求，这也需要完善社会福利制度。传统社会福利制度已经不适应这种形势的发展，在这种背景下，我国开始改革社会福利制度。

在社会福利制度改革的浪潮下，城乡各种社会福利院开始向社会开放，并接受自费收养人员，这些自费收养人员大多是退休职工中的孤寡老人或者是子女不在身边的老人。民政部门举办的社会福利事业单位还积极为社会提供康复服务和门诊服务。同时，民政部门还号召全社会都来参与举办社会福利事业，2000年民政部等部门发布《关于加快实现社会福利社会化的通知》，进一步强化了实现社会福利社会化的紧迫性和必要性，并制定优惠政策,引导社会力量积极参与社会福利事业。

除此之外,还对住房福利制度、教育福利制度、职工福利制度有所改革。

四、21 世纪社会福利制度的新进展

进入 21 世纪以来,在强调民生和社会建设的政策导向下,我国社会福利取得了新的进展。

第一,政府明确提出了建立覆盖城乡的社会保障制度的发展目标,社会保障投入力度不断加大,社会保障覆盖面逐渐扩大,社会保障水平不断提高。在此基础上,我国的社会福利制度所服务的对象不断扩大,我国城镇社会保险的覆盖率有明显提高,特别是医疗保险。同时,社会福利制度的内容也不断增加,相对于过去而言,城乡居民最低生活保障制度快速推进,基本上实现了均等覆盖。同时,我国用于社会福利的支出也不断增加,这从侧面体现了我国社会福利制度的覆盖面和覆盖程度。

第二,政府对于公共教育的责任更加明确,提高了教育的财政性投入,从而促进了城乡之间教育均衡发展。全国人大常委会通过新修订的《义务教育法》,使中央和地方对于义务教育的经费机制更加明确,并且在法律上对义务教育的经费投入做出了保障,明确规定义务教育免受学杂费。国家对于不同区域的公共教育作出不同的策略,更加重视偏远地区、贫困地区、乡村山区的教育投入,并对家庭经济困难的学生出台了资助政策。

第三,针对目前就业形势严峻,我国的社会福利制度对就业方面也有所关注,采取了一系列积极措施缓减就业压力。这个措施的出台,对于维护劳动者的权益产生了积极的影响。《劳动合同法》以及《就业促进法》的出台和修订对相对弱势的劳动群体起到了较好的保护作用,同时建立了市场导向的就业机制,完善公共就业服务体系,建立起积极的就业政策体系。

第四,对医疗卫生体制进行改革,使社会福利制度更加完

善。21世纪逐渐确立了全民保障目标，建立起覆盖城乡居民的医疗保障制度。这个医疗体系是由城镇职工医疗保险、城镇居民医疗保险和农村新型合作医疗三个层次所组成的医疗保障体系，提高了全民的健康水平。

五、我国社会福利制度建设的经验总结

与社会保险制度和社会救助制度相比，中国的社会福利事业还处于起步阶段，政府的投入偏少，福利供给与城乡居民的福利需求之间存在着巨大的差距。中国社会福利事业发展存在的问题主要表现在以下几个方面。

第一，存在“重保险、轻福利”的倾向。由于国家在以往改革中只是将社会保障看成国有企业改革的配套措施，且社会保障制度的改革也是以养老保险、医疗保险、失业保险等制度的建设为主，社会福利制度被不恰当地放到了较低的、不重要的位置，通常被认为是并非急切需要处理的事情。这种轻视或者忽略社会福利的观念，跟以往在城镇由企业或者单位包办居民福利事务的传统习惯有关，也与经济实力较弱及整个社会保障制度改革滞后有关。这种“重保险、轻福利”的思想直接影响了整个社会福利制度改革的推进。

第二，缺乏统筹考虑，分割与脱节现象较为严重。尽管与社会福利事业相关的法律、法规、政策性文件不少，但在改革过程中却因部门分割及传统格局的影响，始终未能够对整个社会福利事业进行统筹规划。民政部门作为福利事务的主管部门，长期以来只关注自己传统的主管业务(如民政机构开办的福利院与福利企业等)，对国有企业改革中的职工福利如何转化为社会化的福利重视不够；职工福利的改革作为一种单位内部事务，虽有政策指导，却不加区别地走上了企业化的发展道路；即使是多个部委多次颁发政策性文件的社区服务，也对福利性社区服务和可以市场化的社区服务未加区分。

迄今为止，不仅社会福利事业与社会保险、社会救助之间的联动配合不够，如养老保险与老年服务就缺乏统筹规划，而且社会福利事业也从未被看成一个整体，项目之间甚至同一项目不同举办主体之间也存在着分割与脱节现象。如官办福利机构与民办福利机构实际上是两个彼此独立的系统，公共资源基本上只分配给官办福利机构，民办福利机构多数情形下只能依靠自我发展而生存。不能将社会福利事业作为一个整体进行规划，而要采取与此相对应的方法，那就是分割处置，继而进行改革。社会福利制度迄今为止仍无法从整体上融为一体，正是由于这个原因的影响。这直接削弱了社会福利制度本应发挥的效力，从而也就损害了福利需求者的利益。

第三，社会福利事业的法制建设仍然滞后。尽管与社会福利相关的法律与法规相对于社会保险与社会救助而言，在形式上是较为完整的，但法制化的水平仍然很低。

一方面，《中华人民共和国老年人权益保障法》、《中华人民共和国妇女权益保障法》、《中华人民共和国残疾人保障法》、《中华人民共和国未成年人保护法》等法律实质上是一种促进法，很少有刚性的约束，因此很难成为推进老年人福利、残疾人福利、妇女福利、儿童福利等的强有力依据。

另一方面，有关儿童福利、福利津贴及相关福利服务等还未有相应的法律或法规，一些制度实际上已经过旧，如妇女福利与劳动保护相关联，实际上将城镇家庭妇女与女性农民工等排除在外，只能算是劳动保障范畴。现行有关法规政策在社会福利事务的管理、监督等方面还存在着模糊性。此外，目前的一些规章制度在实践中亦得不到有效实施。如许多社会福利机构和社会福利企业普遍反映没有享受到有关用水、用电、用地等方面的税收优惠等。

第四，对民办福利事业缺乏实质支持。从发达国家或地区的福利事业发展经验来看，福利社会化主要体现在福利事业由民营机构来经办，只有调动了民间力量与社会资源，社会福利事业才能获得大发展并实现持续发展。而在中国，虽然现行福利政策并不排斥民办福利事业的发展，但制约民办福利机构发展的因素太多。一方面，政府对民办福利机构的成立控制太严，要求民办福利机构必须有挂靠单位，这对大众享有福利制度来说是一个严重的约束。具体而言，它在政策上对民办福利机构是一个严重的限制，从而使得民办福利机构变得不再灵活。另一方面，民办福利机构由于是私人所办，相对于政府所办的福利机构，民办福利机构受到严重的歧视，一些民办福利机构承担着与政府举办的福利机构同样的职责，收养的也是孤老残幼，却不能享受与政府举办的福利院同等的待遇，对政府提供的公共资源不能随心所用，也不能为收养的孤儿、弃婴上户口，严重地挫伤了民间力量兴办福利事业的积极性。同时，在社区服务方面，政府的就业政策对此亦缺乏有力的扶持，这些都表明国家对民办福利事业还缺乏实质支持，这恰恰是社会福利社会化的最大障碍。

第三节　我国社会福利制度的创新

事物是变化发展的，在新的历史时期，在我国处于社会转型时期的关键时刻，社会福利制度也要与时俱进。总结以往的经验教训，参照国内外优秀的社会福利制度，在此基础上，对社会福利制度进行创新和改革。培养并加强每个公民的社会责任感，培育公民的主体意识、权利意识、互助意识以及对国家的归属意识和参与意识，改变以往公民思想中固有的“索取”意识、“投机”意识，消除或尽量减少“索取型公民”“机会主义公民”和“消极公民”的产生。对于政府来讲，应该以民为本，为人民服务，通过社会福利制度的建立和实施维护社会公平，加强加深责任感。总之，社会福利制度是整个社会制度体系的一个分支，它的发展和改革离不开物质、政治、经济的共同发展。

一、我国社会福利制度创新的背景

我国传统社会福利制度在保障国民生活质量方面发挥了较大作用,但随着改革开放以后社会主义市场经济体制的建立和完善,传统社会福利制度暴露出越来越多的弊端,已经不适应社会经济形势的发展,甚至在一定程度阻碍了经济改革。其弊端具体表现在以下几个方面。

(一)不公平

随着人们对自身权益保护的重视以及价值观念的改变,传统社会福利制度中的不公平问题越来越突出,这严重阻碍了我国构建和谐社会目标的实现。这种不公平具体又表现在以下几个方面。

第一,城乡居民之间的不公平。我国大量的社会福利资源都集中在城镇,为城镇居民服务,而农村社会福利无论是在量上还是在质上都无法与城镇社会福利相比较,尤其在职工福利和公共福利方面更是如此。

第二,地区之间的不公平。我国社会福利资金来源除了中央财政统一安排以外,相当多的资金依靠地方政府财政和单位资金。而我国地区社会经济发展水平悬殊,各地财政实力差异很大,各单位之间经济效益差距也较大。

第三,城镇居民内部之间的不公平。我国社会福利的主体可以说是职工福利,无工作单位的居民被排除在职工福利的实施范围之处。这样,单位职工与其他城镇居民之间在享受社会福利待遇上存在巨大差异。

第四,单位职工之间的不公平。我国职工福利的实施主体是单位,由于各个单位之间经济实力上的差异以及单位领导人重视程度上的不同,导致各单位之间在福利项目数量上和质量上都存在着较大的差距。这种状况具体又表现在国有单位与非国有单位之间,国有单位之间以及干部与工人之间。

(二)实施主体的错位

随着社会主义市场经济体制的逐步完善和单位独立核算机制的不断健全,传统社会福利制度实施主体的错位问题越来越严重。这种错位主要体现在职工福利上。这种实施主体的错位又可以表现在以下方面。

第一,我国的职工福利与单位发展并无直接的联系。职工福利仅仅是单位对职工的一种义务,职工福利促进职工劳动积极性的提高难以体现出来。

第二,我国的职工福利成为传统社会福利制度的主要内容,而非补充作用。这就产生了企业办社会,形成小而全和大而全的单位。单位负担沉重,而国外的职工福利仅是社会福利的一种补充。

第三,政府与单位之间的职责不明。社会福利的实施主体应该主要是政府,政府有责任举办和管理社会福利,但我国把以职工为实施对象的社会福利转嫁给单位,由单位代替政府来履行社会福利的义务。

(三)资金来源渠道单一和不足

我国传统社会福利资金来源渠道比较单一,造成社会福利资金不足,导致社会福利供需矛盾加剧。民政社会福利和公共社会福利的资金主要来自于政府财政,由于财政紧张而对它们的投入不足,造成社会福利供应量严重不足,保障水平不高,无法满足广大居民的需求。职工福利的资金中相当一部分来自于单位本身,单位的经济效益好坏直接决定了该单位对职工福利的投入多少;但由于许多单位的经济效益长期以来不好,存在职工福利无法解决和提高职工的生活困难或者生活质量等问题。

二、我国社会福利制度的模式创新

新时期，在总结我国已经实行过的社会福利制度以及国外社会福利制度的经验，我国对现行的社会福利制度有了更加深刻的认识，这为我国建设新型的社会福利制度做了很好的准备工作。我国建立新型的社会福利制度必须立足我国国情，在此基础上改革现行的社会福利制度，建立全新的社会福利制度。全新的社会福利制度的构架可以概括为：一项制度建设、三大支撑体系建设（社会保障体系、社会救助体系和社会福利服务体系）；以及多元福利的建立。关于三大支撑的建设如图 2-3 所示。

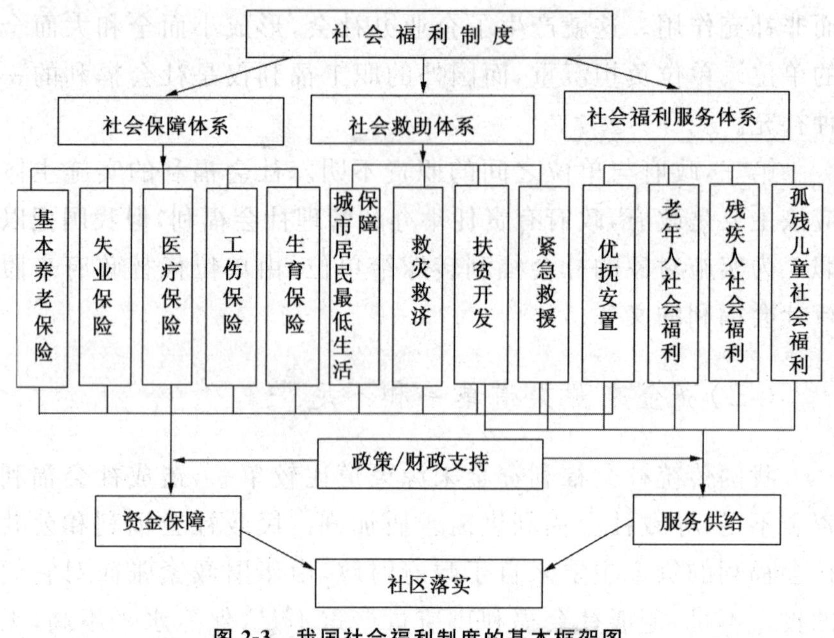

图 2-3　我国社会福利制度的基本框架图

（一）以三大体系为支撑

这种全新的社会福利制度中，社会保障体系、社会救助体系、社会福利服务体系三者构成了社会福利制度的三大支撑体系。马克思主义哲学告诉我们，事物之间是相互联系的，整个世界是一个相互联系的统一整体。因此，在社会福利制度的三大支撑体系中，这种千丝万缕的联系依然存在。它们三者之间既是相互独立的个体，也是相互联系的整体，既有区别，又互为补充。社会保障主要是针对最基本的物质生活的保障。由此可以看出，它的主要目的是“防贫”，主要包括各种社会保险。因而它是社会福利当中一项最根本的制度；社会救助比社会保障上升了一个层次，它是以“济贫”为主要目的，主要包括救灾、救济、扶贫等，它是社会福利中一项最基础的制度；社会福利服务相对于前两者，则上升到更高一个层次，主要为优抚安置对象，为老年人、残疾人、孤儿特殊群体提供福利和服务，以扶老、助残、救孤为目的。近几年来，随着我国社会经济的快速发展，社会福利服务逐渐成为社会福利中快速发展的事业。

三者之间的区别是：

(1)实施对象和保障水平、方式不同。社会保障主要针对的群体是暂时或永久丧失劳动能力、劳动机会的劳动者，具体的保障内容是为这个特殊的群体提供基本的生存生活保障，它只局限于物质层面；社会救助的侧重点是救助，针对的群体是灾民和贫民等人群，具体内容是为他们提供最低生活保障，也主要是物质方面的帮助；社会福利面向的社会群体更加广泛，如对老年人、儿童、残疾人、妇女等都做出了相关的福利制度安排。

(2)奉行的原则不同。前文已经提到过，社会福利与社会保障不同，其中有一点就是它们的权利和义务是否对等的问题。对于社会保障而言，它奉行的是权利与义务对等的原则，通俗而言就是履行了义务才能享有权利。社会福利则表现出权利和义务的不对等性。社会救助主要承担和依靠对象是国家和社会，而权利主体是公民；而社会福利服务的责任主体比较广泛，既包括国家、社会、单位，也包括家庭、个人等，由这些主体共同承担。

(3)资金来源不同。这三者由于责任主体和权利主体的不同，因而其资金来源也有很大的不同。对于社会保障而言，承担社会保障基金的不是政府，而是参加保险的单位和个人，同时政府参与给予必要的补助；对于社会救助来说，它的基金来源主要是政府拨款；对于社会福利而言，社会福利服务的基金来源大部分也是政府财政拨款，除此之外，还有社会支助、慈善恩济，还可以发展福利彩票等多渠道筹集资金，包括实物和志愿者服务。

（二）多元福利的建立

为满足日益增长的社会需求，政府需要重新构建其福利制度。在详细地研究国内外已有的社会福利制度，总结成败经验，再结合我国的具体国情的基础上，我国提出了多元或“混合”福利模式。具体而言，多元福利模式可以从以下几个方面来理解。

第一，解决广大人民的物质生活保障问题，在这个基础上实施社会救助。也就是说要分清主次，以社会保险为主、社会救助为辅。根据以往的经验，社会保险和社会救助由于面临的群体不同，因而在具体实施过程中，要有比较强烈的针对性。我国政府采用社会保险为主、社会救助为辅的制度来取代以往的社会福利制度，旨在强调个人在收入保障中应负的责任。自20世纪80年代中期开始，我国推行了以建立社会保险为主要目标的社会保障制度改革。

第二，我国的民办学校和民办医疗机构逐步兴起，在教育、医疗等方面要加大改革力度，逐步实行用者自付的原则，使得教育和医疗机构逐步由政府扶持走向独立经营，政府可以制定一些政策鼓励私人办学、私人办医。这样做的结果是，一方面，可以减轻政府的财政负担，另一方面，一旦医疗和教育机构变成私人经营，那么很大的目的就是为了营利。这样就降低了社会事业的公益性和福利性程度，更导致医疗服务和教育的可及性降低。

第三，对于好多国有企业，都有住房分配的政策，其实这有很多的弊端。因而要停止住房实物分配，出售公房。要健康合理地建立市场化方式的住房制度，设立住房公积金。也就是说，政府的职能是要满足低收入家庭的基本物质保障，而不是满足公职人员的住房问题。住房问题要靠市场来解决。

第四，推行福利服务社会化。社会福利社会化的基本含义是，社会福利的责任主体要由政府转变为社会，也就是说，社会中的每个人都有这个责任和义务。这样做极大地减少了政府的财政负担，同时解决了投入和需求不均衡的矛盾。福利服务社会化的途径主要包括两个方面：其一是由社区来提供各种社会福利服务，其二是通过各种优惠措施鼓励和吸引人和社会组织参与兴办社会福利事业。在经费来源方面，除了吸引民间资本参与兴办社会福利事业外，政府还新增了社会福利有奖募捐及鼓励社会捐赠等多种福利资金社会化渠道。

三、我国社会福利制度建设的目标

目标是明确一项任务的基本前提。有了目标，才会更好地指导实践活动。同样，社会福利制度建设必须要有明确的目标，这个目标就是：革除已有的社会福利制度的弊端，弥补缺陷和不足，总结经验，在原有社会福利制度的基础上建设体系规范、水平较高、社会化实施、多层次发展的社会福利制度，使全体社会成员都能感受到社会的关怀和温暖。

（一）体系建设目标

由于我国当前处于并将长期处于社会主义初级阶段，因而社会福利制度所惠及的社会群体范围有限，在将来的社会福利体系建设中，就应该扩大社会福利制度惠及的群体范围，满足更多社会成员的群体寻求，这是我国建立新型社会福利制度所追寻的目标之一。中国社会主义的基本性质决定了党和政府的根本任务是为民服务，这就决定了社会福利制度的创新要考虑广大人民的根本利益。要以不断改善和提高国民的生活质量为追求目标，走福利社会化、多元化的发展道路。中国特色的新兴社会福利制度客观上要求物质保障和服务保障相结合、国家救援与群众互助相结合，同时又要考虑到救助和生产互不冲突、互相适应。

与传统福利体系相比较，我国未来新型社会福利体系的特点是：

(1)由以往的层次不分到三个具体的层次分明。这三个具体层次分别是国家、集体、个人。

(2)摒弃传统福利项目设置不规范的因素，确立明确的目标，有针对性地建立适应群体对象需求的福利体系。要改造政府福利，设置老年人福利、儿童福利、妇女福利等项目，将财政性补贴转化为社会津贴项目。如设立教育福利，并将其纳入新的社会福利体系，针对社会中的特殊人群，如老年人、妇女、儿童以及残疾人等群体设置福利项目，在此基础上，对职业福利进行重新界定，将其由政府开办转变为由企业或用人单位自主开办，进而体现福利项目设置的规范性。

(3)分化职业福利，将具有社会职能的一部分传统职业福利从单位中剥离，职业福利项目由于其特有的职业划分界限，因而被严格界定为由企业或用人单位自主开办，要逐渐转变为由国家和社会分担，而不再是由企业或用人单位来承担，从而向社会成员提供基本福利及服务。

(4)完善整个福利制度。三个层次及所属若干具体项目，共同构成中国特色社会保障体系中一个完整的社会福利系统，包括建设全社会福利法制体制、重整福利资源、健全福利体系、完善运行机制等。社会福利制度从整体上加以推进并得到协调发展。

(二)福利制度的保障目标

对社会福利以及社会福利制度的研究目的是更好地改善并提高社会成员的生活质量。相对于基本的社会救助、社会保险等用来保障基本生存和生活水平的社会制度而言，社会福利的要求更高，它要求满足社会成员较高水平或较高层次的社会保障需求，除了社会保障和社会保险等物质方面的内容外，社会福利还涉及对精神文化需求的要求。

第三章　我国社会福利资源与供给研究

《民政事业发展第十二个五年规划》中明确提出要着力推动社会福利由补缺型向适度普惠型转变，稳步提高国民福利水平。而在社会福利建设中，福利资源与供给是基础。加强社会福利资源开发与利用，完善社会福利供给机制建设，有利于推动我国社会福利事业的发展。

第一节　我国社会福利资源研究

社会福利的提供，需要人力、财力、物力的支撑，社会福利资源影响社会福利的供给，反映社会福利的发育程度。

一、社会福利财力资源

社会福利财力是社会福利制度的物质基础，只有通过一定的途径和方式筹集到资金，才能支撑起社会福利的运作。在福利国家建立之前，对贫困人群进行救济的慈善资金是社会福利资金的最初形式，也是最主要的社会福利资金。20 世纪 40 年代之后，随着福利国家的建立，政府成了最主要的福利供给主体。国家拥有相对固定的税收收入，财力雄厚，以国家干预为主的再分配形式成为社会福利财力的主要形式，同时传统的慈善资金也发挥着重要作用。

20 世纪 70 年代之后，福利国家出现了财力危机，遂启动了福利制度的改革，重新把注意的焦点投向了第三部门或福利部门。在当前全球社会的福利体系中，已经形成了以国家干预的再分配为主，伴以慈善再分配的社会福利资金筹集方式，以实现对社会福利制度的财力保证。

（一）财政转移支付

由于市场失灵的存在，国家需加强政府职责，加大对社会福利的投入，这也是政府的一项职责。那么，政府如何更好地履行自己的义务呢？从目前来看，通过财政转移支付施行社会福利是主要的手段。将一部分人的资源转移给弱势群体，以改善他们的生存状况，这就是所谓的转移支付。国家通过转移支付对社会福利进行财力支持的主要形式有两种：一是显性财政转移支付，即通过税收等形式筹集资金，然后向社会福利部门拨款，用于社会福利的支出；二是隐性财政转移支付，即进行税收优惠，让社会弱势群体从中受益。

1. 显性财政转移支付

我国财政在社会福利方面的支出是逐步增加的，尤其是近几年来，有了较大涨幅。

国家对社会福利的重视程度及对社会福利的投入，往往通过社会福利支出在国内生产总值中所占的比重反映出来，这一指标显示出社会福利支出水平，同时反映出一个国家或地区的“福利度”。

还有一个指标是分析人均社会福利支出，这一指标能够反映出国民实际享受社会福利的程度。

国家的全部财政收入用于多个领域，如国防、治安、文化、教育、卫生、环境，社会救助和社会福利等等。各个项目的支出比重，反映了国家的不同的政策安排。分析社会福利占财政支出的比重，则可以反映国家政策对社会福利的重视程度。

当前，我国财政在社会福利方面的支出力度还较小。这有两个主要的原因：一是经济发展水平的影响。经济发展水平往往制约着社会福利水平，一个国家或地区经济发展水平越高，可支配的收入多，相应地就会向社会福利、社会救助方面倾斜，社会福利事业支出占国内生产总值的比重就越高。这也是各国发展中较普遍和常见的规律。二是制度方面的原因。从社会福利支出占 GDP 的比重看，则说明政府对社会福利公共产品供给的取向。在我国的社会保障体系，比较强调社会保险提供的各项待遇，忽视福利服务的作用。而在一些国家或地区，比较强调政府在福利服务转移支付方面的角色，强调福利服务在社会保障体系中的地位。

2. 隐性财政转移支付

除了直接投入的方式外，国家对社会福利的投入还有隐性的方式，其中最典型的是对社会福利相关机构给予的税收优惠政策。

福利企业像其他企业一样从事经营活动，但这些企业能够得到政府的显性财政转移支付的一部分，如政府补贴。也可以享受到政府的隐性财政转移支付，如减税、免税优惠政策等。

残疾人就业的税收优惠政策可见于 2007 年 7 月 1 日起开始施行的《关于促进残疾人就业税收优惠政策的通知》（以下简称《通知》）。其内容主要涉及两个方面，一是安置残疾人就业单位适用的优惠政策，二是残疾人个人就业的税收优惠政策。对安置残疾人就业的单位的优惠主要包括增值税（或营业税）优惠和企业所得税优惠等。对残疾人个人就业的税收政策，主要包括免征营业税、增值税和工资、薪金所得税等。

国家财政对社会福利的隐性投入不仅限于福利企业，还扩大到其他一些福利服务机构。其中最重要的是 2000 年财政部和国家税务总局联合发文，对福利性、非营利性老年服务机构做出税收优惠规定。根据规定，从 2000 年 10 月 1 日起，政府部门和企事业单位、社会团体以及个人等社会力量投资兴办的专门为老年人提供生活照料、文化、护理、健身等多方面服务的老年社会福利院、敬老院（养老院）、老年服务中心、老年公寓（含老年护理院、康复中心和托老所）等福利性、非营利性的老年服务机构，暂免征收企业所得税。老年服务机构自用房产、土地、车船的房产税、城镇土地使用税、车船使用税也暂免征收。目前我国的院舍服务中，绝大多数是老年服务机构，国家税务总局的这一规定，将使社会福利机构普遍受益。而且，老年服务机构与儿童、残疾人等服务机构十分相似，既然老年服务机构可以享受国家税收的优惠，那么其他类似的机构也可能进行类推，得到同样的待遇。

对于社区服务，国家也给予一定的税收优惠，规定对婚、丧、嫁、娶、生育、保健等服务项目的收入免征营业税，并减免所得税；对照顾老、弱、病、残等社会福利性质的机构，减免其固定资产投资方向调节税。这些税收政策主要起到降低社区服务成本的作用，从而使服务对象从中得益。

随着社会的发展、人们思想观念的更新，现代意义上的社会救助，已经不仅仅是一种完全由政府承担的责任和义务，也是一种新的社会价值观。在大力发展社会主义市场经济、弘扬社会主义道德的今天，慈善事业传统的恩赐含义被超越，具有了互帮互助、团结友爱、共同进步的深刻内涵。

（二）慈善资金

1.中国慈善事业的发展

《国民经济和社会发展十二五规划纲要》明确提出“加快发展慈善事业，增强全社会慈善意识，积极培育慈善组织，落实并完善公益性捐赠的税收优惠政策”，为进一步发展慈善事业指明了方向、注入了强大动力。

慈善组织是一种民间的、非盈利的志愿组织，慈善组织属于第三部门。中国民间慈善组织起源较早，民间慈善活动也较多，有统计显示，清代的慈善组织中育婴组织约 1000 个，普济堂 400 个左右，清节堂类约 200 个，以施棺为主的善会善堂 600

个，综合性的善会善堂340个左右，其他难以分类的约750个，这些慈善组织遍布全国。

传统社会中的慈善组织主要为家族式和宗教慈善机构，截然不同于现代社会中的慈善公益组织。

新中国成立之初，慈善组织数量极少，全国性社团组织也只有几十个。20世纪60年代全国性社会组织还不到100个，地方性社团大约有6000个。从1949年到1994年这45年间，慈善组织一直发展缓慢，“慈善”被视为“伪善”和“欺骗”的代名词，遭到了意识形态上的批判，慈善事业因施舍性、救济性被认为是给社会主义脸上抹黑，“慈善”一词在中国官方话语体系也很少出现。

1994年，中华慈善总会成立，成为中国慈善事业发展史上的重大事件。这不仅意味着对慈善事业批判的终止，而且意味着中国社会福利制度改革的到来，中国福利制度开始由集体——国家模式开始迈向多元化福利模式，其中重要的一个方面就是社会福利主体的多元化。

在此之后，各种带有慈善性质的民间社团和基金会迅速发展起来。特别是从20世纪90年代以来，各类社团组织、民办非企业单位和基金会的增长速度飞快。可以说，慈善组织的发育是中国市民社会成长的重要标志。2010年社会捐赠总额达到700多亿元，在民政部门登记注册的各类社会组织数量增加到了44万个，其中，基金会2168个。全国经常性社会捐助工作站（点）已达3.1万个，多种类型、分工协作的社会捐赠网络体系初步形成。公益慈善组织发挥了吸纳就业、服务社会的重要作用。许多其他类型的民间组织也发挥了一定的慈善功能。

现阶段中国慈善组织的发育表现出以下几个特点：第一，慈善组织及慈善事业的总体发育水平比较低，民政类慈善组织的数量较少。第二，慈善组织发展速度较快，尤其是最近几年，各级慈善组织数量逐渐增多。第三，一些慈善组织的组织架构、运作方式还带有较明显的行政色彩，政府色彩浓厚，如中华慈善总会、青基会等。

2. 慈善组织在筹集慈善福利资金方面的重要作用

募集慈善资金是慈善组织的首要任务，是慈善组织提供福利支持的基本保障，社会捐助是慈善事业的经济基础，慈善资源蕴藏在社会之中，需要专门的组织和人员进行开发。慈善资源募集的方式多样，如可以面向企业、政府、团体和个人。募集到的资源包括现金、实物和劳务。慈善组织利用这些资源进行助贫、助残、助学，帮助社会弱势群体。这些慈善资源的运用也会接受社会监督。

各种慈善基金会和社会志愿组织是慈善组织两类主要的承担者，尤其是慈善基金会作为专门的资金筹集组织，因较高的信誉，规范的运作方式，在慈善资金筹集方面起着主导作用。基金会的慈善目标明确和慈善对象广泛、稳定，慈善运作具有持续性和延续性。因此，在慈善资金的筹集过程中，要充分发挥基金会的作用。通过慈善基金会这一中间环节，使慈善对象在受助的过程中消除不平等感，同时整合慈善资源，将有限的资源分配给最需要的对象，放大与增值慈善事业的资源和功效。

3. 我国慈善组织的培育及发展

现阶段国家拉动和扶持，民间力量的聚集以及国外慈善组织、基金会等的进入对我国慈善组织的发展起了推动作用。市场经济中，市民社会的发展以及经济主体平等、互惠的精神倡导，使人们的财富占有观念发生了一定的改变。这些都是形成慈善组织的必要条件。但是对于中国慈善事业的发展而言，政府的作用尤为重要。

中国现阶段政府及社会管理体制对于慈善组织的快速生长尤为重要。政府通过意识形态的倡导以及财政转移支付，对慈善组织进行扶持，缩短慈善组织形成的进程。并且，慈善组织所承担的功能，有利于抑制病态社会组织的出现和发展，维护了社会机体的健康，为此，政府要为慈善组织的成长营造适当的社会空间。政府在慈善组织发育中的作用主要表现在以下几个方面。

第一，加大对慈善事业政策倾斜和财政投入，通过项目资助、社会招标、合同委托等方式，扩大政府购买服务的规模和领域，在有序竞争、多元参与、共同发展的基础上开展慈善服务。

第二，加强慈善事业立法建设。我国慈善事业存在着法律、法规滞后的问题，专门的规范慈善组织实体内容的法律法规有待完善。在法律不健全的环境下，慈善组织会产生依附政府的倾向。所以，国家应尽快出台相关法律，规范慈善事业的公益性质，规范慈善组织的独立法人地位，慈善捐赠的税收优惠政策及政府与慈善组织的法律关系，营造慈善组织发育的良好法制环境。

第三，弘扬慈善文化。慈善文化蕴含了一定的慈善思想和价值观念，是慈善行为的精神源泉，政府要加大慈善美德的宣扬，树立慈善组织典型，通过舆论引导促进慈善组织健康成长。

第四，降低慈善组织的准入门槛。根据《社会团体登记管理条例》等有关法律规定，社会团体、基金会、民办非企业单位的申请成立，均应经其业务主管单位审查同意，由发起人向登记管理机关申请筹备。事实上，包括慈善组织在内的民间组织处于民政部门监督管理和业务主管单位监督管理的双重管理之下。很多慈善组织很难找到对应的业务主管单位。

要进一步完善政府监管、民间运作、行业自律、社会监督的慈善事业管理体制和运行机制，各级各类慈善事业推动主体和运作主体要明晰权责、分工协作，共同推动慈善事业发展。

（三）福利彩票资金

在世界上已有140多个国家和地区发行彩票，彩票业已成为世界上的第六大行业。但福利彩票却是我国的专利，讨论福利彩票的相关事宜，就是在探讨我国的相关情况。

福利彩票是以筹集社会福利金为目的而发行的印有号码、图形或文字供人们自愿购买并按特定规则确定购买人是否获取奖金的有价凭证。截至 2010 年 12 月 31 日,中国福利彩票累计发行总额约 5088 亿元,筹集公益资金约 1669 亿。

1987 年全国开始开展社会福利有奖募捐活动。为加强对福利彩票的管理,经国务院批准,由民政部门建立机构,专职负责彩票发行和资金募集,至今已经形成一套完整的制度,设立有全国性的组织"中国社会福利有奖募捐委员会"。其工作机构包括"中国福利彩票发行中心",地方也成立有相应的机构,形成一整套发行网络。

为了促进我国社会福利事业的发展,规范福利彩票的发行与销售活动,2001 年,国务院发出《关于进一步规范彩票管理的通知》,决定从 2001 年起,扩大彩票发行规模,调整彩票公益金的分配比例。彩票公益金基数由财政部会同民政部确定,基数以内的彩票公益金,由民政部门继续按规定的范围使用。超过基数的彩票公益金,其中的 20%由民政部门分配使用,其中的 80%由财政部纳入全国社会保障基金,进行统一管理和使用。同时规定从 2002 年 1 月 1 日起,调整彩票发行资金构成比例为:返奖比例不得低于 50%,发行费用比例不得高于 15%,彩票公益金比例不得低于 35%。彩票福利资金的主要作用是投资于社会福利的基本建设和设施的更新改造。由于国家福利资金主要用于福利机构的日常经费,其中主要花在民政对象的日常生活上,缺乏资金对福利院的设施进行更新改造,建设新机构的投入就更不足,彩票福利资金正好弥补了这个弱点。2009 年 7 月《彩票管理条例》开始施行,其中对福利彩票的发行、管理等行为做了进一步的规范。

二、社会福利人力资源

(一)社会福利工作人员

据不完全统计,全国福利类单位共有职工 20 万人,全国社区服务专职工作人员 30 多万人,兼职工作人员 50 多万人。从以上的数字看,我国社会福利服务机构的职工是很少的,社会福利服务机构和社区服务专职工作人员仅有 100 万人左右。而社区服务兼职工作人员,主要是社区居民中有正当职业且愿意利用业余时间为社区提供低偿服务的人员和社区内离退休的干部职工和专业技术人员等。这些兼职人员的共同特点是利用业余时间提供福利服务,是不能与专职工作人员同日而语的。这样看来,我国的社会福利工作人员的规模是远远不能满足人们的福利服务需求的。

我国社会福利服务队伍不仅人员少,而且专业素养需进一步提高。体力劳动者占多数,有技术的专业人员占少数,队伍结构需改善。社会福利人员的专业化滞后也影响了社会福利工作的专业化,福利服务队伍建设是一个紧迫性的问题。

社会工作主要为有需要的个人、家庭、群体、社区提供专业社会服务,为预防和解决社会问题而活动。而专门从事社会工作职业活动的人员,被称为社会工作者,简称“社工”,这些工作人员在社会救助、社会慈善、残障康复、优抚安置、医疗卫生、青少年服务等社会服务领域发挥着作用。

20 世纪 80 年代,社会工作专业开始走进高校课堂,成为了一门专业课程。但在社会中,社会工作者的认知度还不是很高。长期以来,对社会工作者的理解较狭隘,认为社会工作者就是在业余时间帮助别人、做好事的人。社会工作应是民政部门或一些社会团体的职责,这无疑制约了我国专业社会工作的发展。

由于社会转型期存在着较多的社会问题,专业社会工作者的需求量增大，社会工作者的活动需得以规范。在这种形势下，2004年劳动和社会保障部在第九批国家职业标准中，正式认定“社会工作者”为我国的新职业。上海市政府首先推进社会工作职业化，通过“社会工作师”制度加强社工的职业资格认证和注册管理。建设宏大的社会工作人才队伍，是构建社会主义和谐社会的迫切要求，在公共服务和社会管理部门中，提升社会工作专门人才的数量，完善社会工作岗位设置，提高专业化社会服务水平。这就为专业社会工作施展才能提供了良好的平台，表明我国社会工作的春天已经来临。

（二）志愿者

志愿者服务的特点是不计物质报酬，从道义出发，自愿服务，为解决他人生活困难、创造良好生活环境、推动人类发展而默默付出。这种自发、自觉的行为是人类关怀的一种体现。

志愿者服务至今已有一百多年的历史，最初产生于19世纪初西方国家宗教性的慈善服务。

志愿者服务对社会而言具有积极向上的正能量，志愿者服务传递出的友爱、互助精神，有助于社会和谐与社会进步。

志愿者服务对服务对象个体或群体而言，也有积极意义。志愿者与服务对象的相处、交往，志愿者语言及行为上的激励，志愿者提供的个性化服务，有利于帮助志愿者克服自卑、自闭心理，对服务对象身心发展有益。

1.志愿者队伍的发展

20世纪80年代后期我国开始推动志愿者和青年志愿者建设，20世纪90年代开始发起“中国志愿者行动”。

我国有关部门也十分重视志愿者队伍的建设，2005年民政部等十部门联合下发了《关于做好新形势下社区志愿服务工作的意见》（民发[2005]159号）；2006年民政部会同中组部、中宣部等部门发布了《关于在农村基层广泛推行志愿服务活动的意见》(民发[2006]31号)。

我国慈善志愿者服务的内容包括济困、安老、扶幼、助学等。志愿者队伍包括各地民政部门组织的社区志愿者队伍、各级团组织组织的青少年志愿者队伍和各级妇联组织的巾帼志愿者队伍。

我国最大的志愿组织是中国青年志愿者协会,它成立于1994年12月5日。中国青年志愿者协会是由志愿从事社会公益事业与社会保障事业的各界青年组成的全国性社会团体,是中国共产主义青年团中央委员会指导下的,由依法成立的省、自治区、直辖市青年志愿者组织和全国性的专业、行业青年志愿者组织和个人自愿结合成的全国性的非营利性社会组织,在为社会提供优良志愿服务的宗旨和以"奉献、友爱、互助、进步"准则的指导下,为社会协调发展和全面进步做出贡献。

2. 我国志愿者服务存在问题

(1)志愿者组织业务主管部门不明确

志愿者服务事业的管理极其重要,这项复杂的系统工程需要明确指导,理顺关系。当前,我国志愿者组织有由民政部门主管的,也存在由团市委主管和由市委宣传部下属的精神文明建设委员会办公室领导的。为了加强志愿者组织的管理工作,全国应确定指导、推进志愿者服务事业的业务主管部门,统一规定志愿者组织的注册、监管和评估。

(2)与志愿者服务相关的法律滞后

现阶段,我国缺乏国家级的有关志愿者服务及志愿者的法规或条例。在现行的政策法规中,主要是共青团中央办公厅发布的《中国青年志愿者注册管理办法》和一些地方性法规。它们除了规定志愿者组织的服务宗旨、财力支持、志愿者的条件和行为以外,还包括对志愿者的激励条款。但是,上述法规内容还不够完善,一些涉及志愿者最基本的权益的问题还有待解决。如志愿者在服务过程中应给予的交通补贴、工作餐的提供以及意外伤亡保险的购买等。志愿者的服务虽然是无偿的，但是国际通行的做法是，在进行公益性服务的过程中，会给志愿者这些基本的权益以保障。

(3)志愿者数量有待提升，各地志愿者服务发展很不平衡

据不完全统计，截至 2010 年，社区志愿者人数达 2900 多万人，其中注册社区志愿者达到 599.3 万人，参与社区志愿服务活动超过 5000 多万人次，全国社区志愿者组织已经达到28.9万个。社区志愿者组织和社区志愿者数量呈持续增长趋势，但我国社会服务者数量还有待提升。另外，各地志愿者服务的发展也很不平衡。在一些经济发达的城市，社会志愿者队伍也较庞大。但是，在我国一些中小城市以及广大农村地区，志愿者服务事业至今仍没有得到很好的发展。

(4)志愿服务水平低、项目范围窄、可持续发展能力弱

其主要原因有:第一，社区志愿者队伍的受教育水平较低。其中初高中学历占了 50%左右。还有一些志愿者没有经过相应的专业技能训练，沟通能力和志愿服务能力较差，导致志愿者工作绩效甚微，难以胜任委派的工作。我国志愿者还存在着过分追求数量和速度，组织运作成本虚高，志愿者服务活动的社会公信度较低等问题。第二，我国目前的志愿者服务管理和激励机制还不健全，志愿者组织的骨干人员流动性大。很多志愿者的管理者缺乏相应的社会工作知识及管理非营利组织的经验，只是机械地套用政府部门的管理方法，导致志愿者对社会的贡献事倍功半。民间背景的志愿者团体，往往是领导人长期留在社团，组织管理的骨干却频繁更换。

三、社会福利设施资源

(一)我国社会福利设施的现状

社会福利服务设施是保障社会成员特别是困难群体、弱势群体基本生活权益的基础。民政部门充分利用财政资金、社会捐助、彩票公益金,不断改善社会福利机构条件,使我国的敬老院、福利院等福利事业单位建设取得了长足进步。截至2009年底,全国各类收养性社会福利单位40250个,床位299.3万张,收养236.2万人。

(二)我国社会福利设施的建设规划

尽管我国社会福利服务设施建设取得一定的成绩,但还远远不能满足需要。因而,加快社会福利设施建设将是我国福利事业发展的迫切需要。

1.农村五保供养服务设施建设

《民政事业发展第十二个五年规划》强调建立农村五保供养服务设施建设"霞光计划"长效机制,加强农村五保供养服务设施建设,改善散居五保户居住条件。2006年"农村五保供养服务设施建设霞光计划"(以下简称"霞光计划")实施以来,对农村五保供养服务设施的改善起到了一定的作用,但目前各地农村五保供养设施仍然滞后,民政部《"农村五保供养服务设施建设霞光计划"实施方案(2011—2015年)》明确继续实施"霞光计划"。

(1)目标任务。通过"霞光计划"的继续实施,以满足农村五保对象机构供养需求。坚持政府主导、社会参与的原则,加大资金筹措力度,扩展覆盖范围,对项目进行规范管理,充分发挥资金效益。以期到2015年,农村五保供养服务机构达到280万张床位供应量和50%的农村五保集中供养能力，构建布局合理、设施配套、功能完善、管理规范、群众满意的供养机构网络，为健全农村基本公共服务体系提供支撑。

(2)资金筹措和资助范围。以政府投入为主，将彩票公益金资助作为有力手段，加大部本级彩票公益金投入。各省(自治区、直辖市)地方政府要加大投入，民政部门要在此基础上充分利用彩票公益金加强“霞光计划”资金筹集。其中部门级资金以农村地区，尤其是贫困、边远地区以及革命老区为重点扶持对象。

(3)有关要求。首先，各地民政部门要切实加强组织领导，制定实施方案，总结实施经验，落实好项目实施工作。其次，各地民政部门要强化监督管理，建立完善的工作责任制，加强工程建设、资金拨付和资金使用的监督力度等。再次，要确保规范运转。受到资助和扶持的农村五保供养服务机构要规范运作，落实设备、人员的配备，争取起到模范带动作用。最后，要舆论宣传，即通过各种媒介，借助各种宣传手段，广泛宣传“霞光计划”实施成效，表彰先进单位和个人，切实提高农村五保供养服务水平。

2.儿童福利机构设施建设

《国民经济和社会发展第十二个五年规划纲要》中明确指出要建立健全儿童福利机构建设“蓝天计划”长效机制，进一步推进儿童福利设施建设。儿童福利机构作为我国儿童福利事业的重要载体，具有抚养、救治、教育等重要功能。

《“十二五”儿童福利机构建设蓝天计划暨儿童福利机构设备配置实施方案》将儿童福利机构设备配置、改善作为“‘十二五’儿童福利机构建设蓝天计划”的重点，完善儿童福利机构养育、治疗、康复、特殊教育和技能培训等功能，辐射和带动社区儿童福利服务的开展。

(1)实施范围和内容。以“‘十一五’儿童福利机构建设蓝天计划”建成项目为重点资助对象。资助内容主要是对“蓝天计划”项目单位设备进行器材购置,加强、完善儿童福利机构的相关功能。从2011年起,每年从部本级福利彩票公益金中抽取的资金以及地方民政部门留成的福利彩票公益金,也要对儿童福利机构设备配置进行支持。

(2)资助标准。由于建设成本不同等原因,东、中、西部资助标准不同,按东部地区地级城市每所儿童福利机构80万元、中部120万元、西部160万元的标准予以资助。加大对省会城市儿童福利机构的资助力度,加强其功能的完善,同时降低了区(县)儿童福利机构的资助标准。

(3)资金筹措。建立多渠道、多形式资金筹措机制,形成中央、地方和社会共同投入的资金保障机制。

3.社区服务设施建设

《社区服务体系建设规划(2011—2015年)》中明确要加大社区服务基础设施建设投入,扩大覆盖人群,逐步建立起集社区综合服务设施、专项服务设施、服务网点、社区信息平台为一体的社区服务设施网络。

(1)合理布局社区服务设施网络。以市辖区、县级市为单位,按照城乡规划、土地利用总体规划,在人口规模适度、服务管理方便的原则指引下,确定社区服务设施的分布、建设方式等。确保资源得到有效配置、社区居民满意。

(2)完善社区服务设施功能。主要完善以下功能:一是组织居民开展民主议事、纠纷调解、慈善、志愿服务等活动;二是为社区居民提供文体娱乐、健康指导以及家政服务等;三是协助推进公共服务,扩大公共服务覆盖范围;四是为社区党组织和自治组织开展活动,如提供活动场所等;五是反映居民诉求。

(3)加强社区信息化建设。以社区信息基础设施的完善,信息化手段的推广以及居民信息技术运用能力的提高为重点。整合各方面的公共服务信息,最快捷、最及时地传递给社区居民。

发挥社区综合信息平台在沟通交流、社区治安维护方面的作用。

第二节　我国社会福利供给研究

社会福利供给是一种系统性的社会行动，涵盖了供给主体、供给内容和供给方式、供给机制等基本要素。每个要素在系统中都发挥着不同的作用，要素之间的相互影响决定了社会福利供给的效果。

一、社会福利供给的主体

福利供给主体即社会福利的提供者。社会福利供给主体研究解决的是“谁提供福利”的问题。

（一）供给主体的形态

在社会福利发展史上，家庭、政府、单位和慈善组织是最重要的福利供给主体。

1.家庭

家庭是人类历史上产生最早的福利主体，是社会福利的重要供给者。尤其是在古代，家庭可能是唯一的福利供给主体。家庭作为以婚姻关系、血缘关系或收养关系为基础而建立的生活共同体，能够基于亲情或感情而自愿供给，具有其他供给主体所不具备的优势，无管理成本、方便、快捷、效率高，而且能满足福利需求者的感情需要。

2.政府

一般家庭的福利供给能力都有限，而且家庭的风险承担能力脆弱，所以社会福利的供给必须有一个强大的支撑，这个支撑就是国家及政府。政府的主要职责是制定福利政策法律、法规，筹集福利资金，组建福利管理机构等。国家作为现代社会中最重要的福利供给主体，发挥着主导作用。

3. 企业

企业包括福利企业和非福利企业。福利企业能够为残疾人等提供集中就业的机会，直接参与社会福利事务。非福利企业，一方面通过慈善捐款、按比例吸纳残疾人就业等方式提供社会福利，另一方面，通过企业内部的福利制度，为企业职工提供福利。

4. 慈善组织

慈善组织是政府的，是一种民间福利提供组织。当前，慈善组织主要有以下发展趋势：一是多元化发展的趋势，包括形式的多元化，有基金会、协会、慈善信托公司等多种方式；服务功能的多元，有同时承担多种慈善服务、服务对象广泛的综合性慈善公益组织，也有服务对象固定、服务任务单一的专一型慈善公益组织。二是管理经营的商业化趋势，慈善组织虽然是公益性组织，但慈善机构并非不计成本，也并非不能有自己的盈利，若如此，慈善机构的存在也不会长远。所以，慈善机构也应该设法增加资金来源，如开发一些核心项目或和政府签订合同为失业、残疾等人员提供培训等。

（二）供给主体的角色

1. 福利生产者

福利生产者包括实物性福利生产者和服务性福利生产者，主要是指具体从事福利生产的组织。如从事物质生活资料生产的经济组织以及社会福利事业单位、志愿组织、慈善组织等。这些组织是福利供给主体的重要组成部分。没有了福利生产，福利提供也就成为“无源之水”。政府会为社会福利生产提供创造条件，并以购买的方式提供福利。

2. 福利输送者

福利输送者在福利生产者和福利使用者之间起着中介和桥梁的作用，是指传送社会福利的组织和个人。在现实生活中，承担福利输送者角色的主要有四类：第一类是政府机构。如最低生活保障金即需要它们来输送。第二类主要指慈善组织和企业等非政府组织。第三类是专业的社会工作者，社会工作者以输送服务类的社会福利为主。第四类是社会成员个人，他们输送的社会福利的内容比较多元。

3. 福利筹集者

福利筹集者是指筹措各种福利资源的组织和个人。福利筹集者将把分散的福利资源整合起来，能够为福利输送者提供便利。政府是最强有力的福利筹集者，因其动员力、影响力、号召力都要高于一般的社会组织，因此在社会福利筹资中权威性最强。此外，企业、个人也是筹集福利资源的重要力量。

4. 福利分配者

福利分配者是指分配各种福利资源的组织和个人。福利分配者应公平有效地分配社会福利。政府是最主要的福利分配者，政府级别越高，相应地拥有的分配权力也越大，中央政府的权力最大。此外要合理配置同级政府内部不同部门所拥有的分配权。第二部门和第三部门也承担福利分配功能。科学、合理地划分社会三大部门之间的福利分配权力也是一个重要的课题。

当然，在现实生活中，同一角色可能由不同的福利供给主体来承担，同一供给主体也可能承担不同的角色，二者之间是相互交叉的关系。

二、社会福利供给的内容

“提供什么样的福利产品”所涉及的是社会福利供给内容的问题。社会福利供给的内容主要由经济发展水平、社会成员的基本需要和社会政策的价值理念所决定。在不同的历史时期，社会福利供给的内容往往具有一定的差异。根据不同的标准，可以将社会福利产品分为不同的类型。

(一)实物福利

实物福利即一些生活必需品的供给，如食物、衣物、药品、房屋(援建房、廉租房、免费房)等物质性福利，这种古老、常见的福利形式是一种有效的社会支持。在服务对象最急需、最贫寒时能够雪中送炭，是一种温暖人心的行为。当然，实物福利也有一些局限存在:第一，福利传递的成本费用相对较高;需借助交通工具、承载器具，还有花去一些时间和精力。第二，福利传递系统内部可能出现“大家拿”现象，从而造成福利资源的浪费。

(二)货币福利

货币福利的提供，直接、最方便、快捷，提供的成本低。现金具有购买力，福利对象可以根据自己的实际需要购买最紧迫的生活必需品或者用于其他支出事项。现金福利也可能出现一些问题。福利对象对这些资金的利用是否合理、节制。那些有一些不良嗜好的福利对象能否抵挡不住特殊嗜好的诱惑，把本该用作基本生活支出的福利现金挪作他用，从而造成福利资源的浪费。

(三)服务福利

有一部分社会群体对金钱和实物不是很急需，而是更加需要社会服务,如老年人、残疾人、留守儿童等。服务福利包括生活服务、心理咨询和心理疏导服务、就业培训和再就业服务等。服务福利是一种行动支持,表现出鲜明的行动特征。在积极福利理念和增能赋权理念日益流行的当今时代,服务福利已经成为社会福利体系中越来越受重视的一项内容。

三、社会福利供给的方式

(一)免费福利与付费福利

免费福利是指福利对象不需要支付任何费用即可享用的福利。免费福利主要有三类。第一类是如灾民救济金、最低生活保障金等由政府提供的免费福利。救助资金由政府财政拨付,社会救助对象需达到国家及法律规定的救助条件,才能享受免费社会福利。第二类是如孤儿院、孤老院、救助站等以国家财政拨款为事业经费的社会福利机构以及各类非营利组织提供的免费服务。第三类是社会提供的慈善捐助。慈善捐助是捐赠者的无偿奉献,接受慈善捐助,无须支付任何费用。

付费福利是指福利对象必须支付一定的费用才能享用的福利。在我国,付费福利主要以低偿使用的形式出现。这种低偿的付费服务是一种趋势。我国社会福利机构逐渐多元化,服务的提供一般要花费一定的成本,而为维持福利机构的长期、稳定运转,付费服务的比重可能将进一步提升。

(二)临时福利与固定福利

临时福利一般是一种短期救助或应急救助。如突如其来的自然灾害、交通事故等,使一部分人成了暂时性的弱势群体,需要得到政府和社会的及时救助,才能渡过难关。此外重大的社会环境的变故如经济危机也可能导致部分社会成员面临生活的困境。临时福利的特点是灵活、有效，是现代社会中不可或缺的福利形式。

固定福利是规范化的长期提供的福利，具有稳定性和连续性的特点。固定福利的供给既有免费的（如各类救助性福利），也有付费的（如各类低偿服务）。固定福利运行机制和工作程序成熟、完善，具有规范化和制度化的特点。同时也存在着对突发重大生活事件反应缓慢的弊端。

四、社会福利的实现方式与传导机制

一般来讲，社会分配机制包括三个层次：第一次分配在市场和竞争中实现，遵循效率优先的原则；第二次分配以政府主导，国家以税收和社会政策进行分配干预，以缩小贫富差距，实现社会公平的目的；第三次分配通过社会，按照自愿性原则进行公益捐赠，进行“富帮穷”。第一次分配又被称为初次分配，第二次分配和第三次分配则均被称为再分配。社会福利主要是通过再分配的方式实现的。

（一）再分配的主体及其实现方式

1. 第二次分配的实现途径

（1）国家税收

税收是国家财政收入和再分配资金的主要来源。通过税收调节收入分配是现代国家的一项重要职能。税收的基本特征是：国家利用权力强迫市场主体做出经济上的让渡，并且不予特定的回报。个人所得税、巨富税、财产转移税等具有明显的再分配性质。在国际上，个人所得税在国民收入再分配中的调节作用备受推荐。我国也有人提出加强个人所得税的征缴工作，强化个人所得税在调节收入再分配中的主体地位；还有人提出在可能的情况下，将个人所得税作为最低生活保障援助的主要资金来源。

(2)社会保障制度

实施社会保障制度是实现第二次分配的一条重要途径。社会保障的收入再分配,一部分属于全社会的收入再分配(横向收入再分配,社会福利即属此类),是通过纳税人的纳税和政府的转移支付实现的;另一部分属于劳动者个人的纵向收入再分配,是通过劳动者的自我积累实现的。

(3)政府公共服务

政府公共服务是政府投入的、全民共享的社会服务。它是第二次分配的一条重要途径。公共服务是当代政府的基本职能之一。其特点是:通过对科教文卫、能源、交通、社会治安等公共领域和基础设施的投入,为全体社会成员提供非营利性的社会服务。我国的九年制义务教育、国家助学贷款、廉租房制度、公共图书馆、文化馆、博物馆、社区养老设施、社区体育设施等即属此类。此外,社会福利意义上的社会投资——对失业者进行就业技能培训,提高他们的市场竞争力,增加他们的实际收入,达到社会福利和经济发展的双重目的——也是政府提供公共服务的一种重要形式。目前,我国政府公共服务水平已得到了很大提高。

2.第三次分配的实现途径

社会捐助属于第三次分配,以政府为主导的第二次分配虽能在一定程度上弥补市场的失灵,提高社会成员特别是弱势群体的社会福利。但政府在社会福利领域中并不是万能的,面对处境各异、需求有别的众多福利需求者,政府失灵是常有的事。这就给基于慈善的第三次分配留下了发展空间。

第三次分配是以慈善公益组织为主导,是从利他主义、人道主义出发,对社会资源和社会财富进行的一种再分配。它通过企业、事业单位或其他组织以及公民个人财富的自愿、无偿转移,实现收入调节,增加弱势群体的社会福利。

第三次分配具有如下显著特征:一是分配主体不是传统意

义上的市场和政府，而是非营利组织、个人以及其他从事社会公益活动的组织；二是建立在自愿基础之上，奉行人道主义精神，善款筹集、捐助、组织实施公益项目等活动进行社会资源与社会财富的再分配；三是在国家法律法规允许的范围内自主开展活动，基本上不受政府强制力量的支配。

第三次分配的实现途径在传统社会和现代社会中有所不同：在传统社会中，主要是通过捐助者和受助者面对面的施受方式实现的；在现代社会中，则主要是通过慈善组织这一中介来实现的，面对面施受方式退居次要地位。第三次分配实现途径的变化（图 3-1）与面对面施受方式相比，慈善组织中介方式具有如下优点：一是有助于消除捐助者与受助者之间的不平等地位，有利于维护受助者的自尊；二是有利于将分散的慈善资源集中起来，同时收集福利需求者的信息，架通供需之间的桥梁，使更多的福利需求者得到及时的援助，形成规模化援助，提高援助效率；三是有利于吸引各类热心于慈善公益事业的专业人士参与，提高服务的专业化水平。

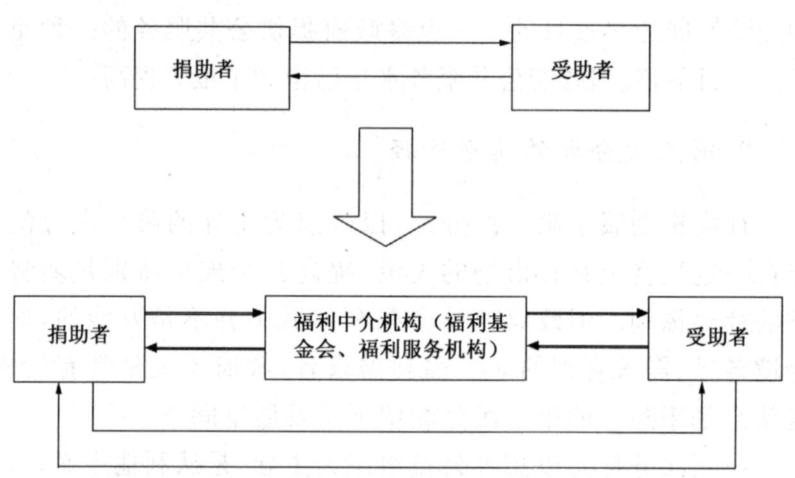

图 3-1　第三次分配实现途径的变化

（二）社会福利传递机制

社会福利的传递机制分为正式传递机制与非正式传递机制两种。前者是指来源于政府、慈善基金会、私人投资者等正式供给主体的社会福利资源通过各类社会福利机构传递到社会福利对象手中的过程，以及在此过程中各社会福利主体之间的相互关系。后者则是指家庭、社区、机关、企事业单位内小范围募款临时机构以及做出自发性慈善行为的个人所提供的社会福利资源传递到福利对象手中的过程（图 3-2）。

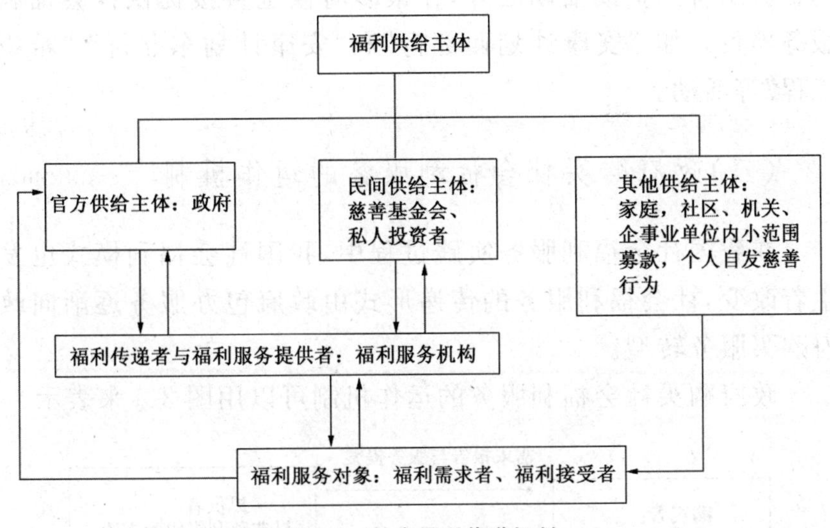

图 3-2　社会福利传递机制

就正式传递机制而言，福利供给主体、福利传递者与福利服务提供者以及福利服务对象三大社会福利主体之间的关系如下。(1)福利供给主体向福利传递者与福利服务提供者提供资源，包括物质援助与资金资助，具体方式多种多样，如投资、项目资助、委托或购买服务等。(2)福利服务提供者与福利服务传递者收集福利服务对象的信息，确定符合条件者并对其提供福利服务，包括送钱送物等经济援助和信息咨询、心理辅导、职业指导与职业培训等非经济援助。(3)福利需求者也可主动反映其诉求。可通过福利传递机构表达诉求，也可向社会转达其福利诉求,还可直接向政府相关部门反映,个人一般不直接向民间社会供给主体提出福利要求。(4)福利传递者服务于福利资源供给主体与服务对象,在二者之间起着协调作用。就非正式传递机制而言,主要是慈善个人、家庭在知晓福利需求者的情况以后,主动向其提供某种福利。必要时,热心的慈善人士还可能成立临时募款机构,为福利需求者在熟知其情况的小范围人群内筹款,并将捐款直接送给福利需求者;而福利需求者一般不向非正式供给主体提出福利要求。

需要特别说明的是,在我国,慈善基金会除了开展各种符合基金会宗旨的资助活动之外,在很多时候也直接提供社会福利服务项目。如“安康计划西部行”和“安康计划东北行”“希望工程”等活动。

(三)政府购买社会福利服务的运作机制

在我国社会福利服务实践过程中,我国社会福利模式也发生着改变,社会福利服务的传递形式由政府包办服务逐渐向政府购买服务转型。

政府购买社会福利服务的运作机制可以用图 3-3 来表示。

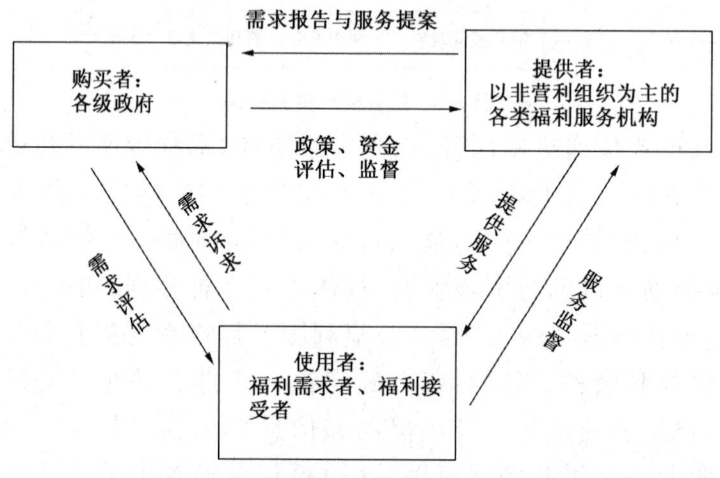

图 3-3 政府购买社会福利服务的运作机制

在这种形式的福利传递过程中，主要涉及三方，即作为福利服务购买者的政府（官方供给主体），作为福利服务提供者的各类福利服务机构（民间供给主体，以非营利组织为主），以及作为福利服务使用者的福利需求者和福利接受者。使用者向政府提出自己的福利诉求；政府则评估其需求，并向福利机构购买服务，提供政策与资金支持，同时评估与监督其服务；福利机构为福利需求者提供具体的福利服务，并接受福利使用者的服务监督，同时在服务中了解福利需求者的福利需求，并向福利购买者提交需求报告与服务方案。有研究表明，这种三角福利传递形式不仅符合政府机构改革和社会福利社会化改革大方向，更为重要的是，它有助于降低福利传递中的官僚主义影响，有助于福利机构提供个性化的福利服务，进而提供福利效率。因而，政府购买服务有可能会成为我国福利服务传递的一种新选择。

第四章　我国老年人社会福利的发展与改革

随着社会工业化和人口老龄化进程，老年人社会福利从无到有，逐渐发展成一国社会福利制度的最重要内容。老年人社会福利是根据老年人的特殊需求和老年人自身特点，以改善老年人物质生活和精神生活为目的，由政府和其他社会组织所提供的福利项目、设施和服务的总称。

第一节　老年人福利的含义与内容

一、老年人福利的概述

（一）老年的含义

人们经常提到的老年，可以从不同的角度来理解。

1. 关于老年的生理层面的理解

从医学和生理学的角度看，衰老和老年是指生理上某些功能老化的现象。一般老年的衰老和死亡是由于疾病或一种器官、某一系统器官丧失功能所致，如心脏、脑、肾脏、肝脏、呼吸系统或循环系统等丧失功能导致衰老或死亡。

进入老年期后，老年生理方面的变化包括以下几个方面。

(1)容貌的改变。

(2)身体内部的变化，如骨质疏松、神经衰弱、内脏功能衰退等。

(3)生理功能的改变，如对温度改变敏感、肺活量不足、血压升高、排尿不足、睡眠不足等。

(4)感觉器官的改变，如视力、听力下降，平衡感降低等。

(5)性能力下降。

(6)在行为方式上，反应较迟钝、动作缓慢。

(7)容易患病，身体衰弱或身体残障，容易发生意外事件，如跌倒中风等。

2.关于老年的心理层面的理解

从心理学的角度来看，人到老年后，心理上会感觉到一系列的失落。因为，他们不再有工作角色及职业认同，他们丧失了原有的社会地位；他们身体的某些功能减退，失去了许多因身体健康所带来的快乐。由于老人身心日益衰退，在心理上会陷入挫折、沮丧，或情绪高涨愤怒、焦虑不安、恐惧等一系列心理上的困境。这些不健全的心理状况会加速身体方面的退化及疾病。因此，老年期最重要的是辅导老人心理重建，通过心理治疗或提前预防，使老人养成一种情绪平和、容易满足、心情愉悦的心理状态。

3.关于老年的社会层面的理解

从社会学的角度看，人进入老年期后，除在心理和生理上表现出一系列不同的特征外，也意味着他(她)从社会生产领域退出来，相应地，一系列的社会责任也被全部解除或大部分解除。

首先，退休表明老人不再是完全意义上的社会生产者。

其次，退休后，原来伴随着老年职业的正式社会关系相应转为非正式的社会关系，或者丧失了各种社会关系。

最后，老人退休后，社会参与度大大减少，社会地位也逐渐下降。在传统农业社会里，老人是被人尊敬的长者，但在现代工业社会，老人的社会地位被青年和中年取代。总之，无论是在家庭还是在社会，老人都不再是主体。

（二）社会福利中的老年

社会福利所说的老年，一般是按国家或政府以法律制度规定的年龄标准确定的。现代社会大多以享受社会福利或退休金的年龄作为老年的标准。这种标准在各国有一定差异，发达国家的标准略高一些，发展中国家的标准则略低一些，如表 4-1 所示。

表 4-1 部分国家官方规定的退休年龄

发达国家	性别	退休年龄	发展中国家	性别	退休年龄
瑞士	男	65	阿根廷	男	60
	女	62		女	55
丹麦	男	67	赞比亚	男	50
	女	62		女	50
英国	男	65	波兰	男	65
	女	60		女	60
德国	男	65	捷克共和国	男	60
	女	65		女	55
法国	男	60	智利	男	65
	女	60		女	60
意大利	男	65	斯里兰卡	男	55
	女	60		女	50
美国	男	65	中国	男	60
	女	65		女	55
加拿大	男	65	印度	男	55
	女	65		女	55
瑞典	男	65	乌干达	男	60
	女	65		女	55
奥地利	男	65	卢旺达	男	55
	女	60		女	53

（三）老年人福利的内涵

老年人福利就是在政府的领导下，在社会各方力量的参与下，根据老年人的特点和需求，为其提供养护、医疗、康复、娱乐等多方面的福利设施或服务，旨在提高和改善其生活质量，实现“老有所养、老有所医、老有所为、老有所乐”的社会目标。

由于我国过去经济发展水平比较低，以及传统养老观念的影响，老年人福利主要是面向那些无劳动能力、无生活来源、无法定赡养人的“三无”老人，而且主要是政府为他们提供供养、医疗、康复、娱乐和教育等服务，是一种补缺型的福利。但是，随着我国经济实力的不断提高以及国民养老观念的改变，目前老年人福利对象逐步从“三无”老年人向全体老年人过渡。

二、老年人福利的内容

老年人社会福利所包含的内容往往和现代工业社会的诸多特点相关：人口的迅速增长和老龄化、劳动市场的形成、家庭结构的变化、医疗卫生设施的普及、城市化的发展和教育的普及等，都影响着老年人生活的各个方面，因此也推动了老年人社会福利内容的扩展。[①] 结合现代工业社会的特征和老年人的需求，老年人社会福利主要包括以下几方面的内容。

（一）收入保障

老年人从生产领域退出之后，不再是生产者，而是纯粹的消费者，因此经济收入水平也会随之下降。虽然从理论上讲，老年人可以通过继续工作、领取退休养老金和社会保险金等渠道获得收入，但由于老年人难以和年轻人竞争获得工作岗位，退休金

① 陶立群.中国老年人社会福利[M].北京：中国社会出版社，2002，第18页

与退休前的就业和收入有关，特别是如果退休金的调整滞后于通货膨胀的影响，退休金的价值就会下降。加之随着年龄的增长、身体功能的下降、对医疗保健和生活照料服务需求的增加以及个人积蓄的逐渐减少，老年人很可能进入社会贫困群体，需要得到政府和社会的帮助。如何避免老年人生活陷入贫困，保障老年人的基本生活，成为老年人福利的一个重要目标。

（二）日常生活照料

老年人生活照顾服务是指为满足老年人日常居家生活需要而提供的一系列服务，包括居家照顾服务、老年人日间照顾服务、老年人家务助理服务、老年人院舍服务等。[①] 从其内容来讲，既有一般性的非专业照顾和帮助，也有属于准专业甚至专业性的护理和看护。随着年龄增高，老年人身体健康状况下降，自理能力逐渐退化。据统计，在 60 岁以上的老人中，有约 4％的人丧失吃饭、穿衣、洗澡、如厕等基本生活自理能力；有 30％的人生活只能部分自理，需要家庭、社区或社会为其提供生活照顾服务。在人口老龄化加速、平均寿命延长的背景下，解决老年人的日常生活照料问题，改善老年人生活状况，提高老年人生活质量，成为老年人社会福利的一项重要内容。

（三）医疗保健

老年人医疗保健是影响其晚年生活的一个十分重要的问题。老年首先意味着人在生理上一些功能的退化，肌肤松弛、血管硬化、脏器功能衰退，视觉、听觉、味觉、触觉和嗅觉全面退化，行为能力下降，随着组织器官及生理功能的衰老，对抗疾病的能力也逐渐下降，许多在进入老年期之前潜伏的疾病也容易在此

① 田北海．香港与内地老年社会福利模式比较［M］．北京：北京大学出版社，2008，第 40 页

时显现出来,老年阶段成为一个疾病多发时期,因此老年人对医疗保健的需求远远高于普通人。而且针对老年人的医疗保健不仅要强调治愈,还需要长期的保健护理,例如老年人护理服务、老年人康复服务、老年人疗养服务等。随着老龄人口的增加,医疗保健日益被老年人社会福利部门关注,成为老年人社会福利的一项重要内容。

（四）就业

与其他社会成员一样,老年人有权全面参与他们所在社区以及整个社会的发展。有关研究证明,适当的工作对老年人的身心健康有促进作用,有助于帮助他们摆脱无用感、失落感、被社会遗弃感等负面情绪。[①] 随着人均寿命的普遍提高,越来越多的有劳动能力的老年人希望能够通过继续就业或再就业的方式,发挥余热,为经济社会发展作出贡献,同时也能通过自助的方式满足基本生活,或进一步提高生活水平,减轻国家社会保障负担。在老龄化已经进入高龄期的社会中,继续雇用劳动力当中的年纪较长者,鼓励老年人继续参与社会发展,已被视为提高老年人社会福利水平的一种可行办法。

（五）住房

老年人住房的类型和质量直接影响其晚年生活的水平。老年人的住房需求经常和医疗保健、日常生活照顾、社会交往需求相关联,他们通常希望住在一个能得到各种及时的照顾和服务、方便与人交流的地方,这个地方既可以是私人住宅也可以是养老院。和普通人相比,老年人对住房的需求有三个特点:对不拥有自己住房的老年人来说,房租对已经退出生产领域的他们带来的压力更大;即使拥有住房的老年人,大多房屋已经陈旧,面

① 陶立群.中国老年人社会福利[M].北京:中国社会出版社,2002,第107页

临维护和整修等问题;随着老年人年龄的增大,活动能力和自我照顾能力会发生变化,由于身体状况下降需要改变居住环境的人数占很大比例。

(六)社会交往

随着老年生理、心理等方面的变化,老年人逐渐从生产领域中退出,其社会交往关系也会发生相应地发生变化。在一定程度上,老年人被排斥于一般社会之外,处于社会边缘地带,与其他社会成员相分离。离岗后,家庭矛盾、代际冲突、生活节奏变慢以及社会安全感的缺乏,都可能给老年人带来不同的压力。就城市老年人群体来说,老年人退休后,其主要的社会关系将由正式的业缘关系变为非正式的血缘关系、地缘关系和趣缘关系。[①] 如果不能积极面对这种社会关系的转变,就会导致社会交往活动减少,社交圈子缩小,产生离群后的孤独、寂寞感,会严重影响老年人的身心健康。

(七)教育

在知识和技术更新速度加快的社会中,教育已经成为人们的终生需要,接受正规教育不再是儿童和青少年的特权,越来越多的老年人在退休以后有了充分的可以支配的时间,便产生了继续接受正规教育、更新知识和技能的愿望。继续接受教育,不仅可以发展老年人的个人特长和爱好,充实退休赋予的闲暇生活,使精神有所寄托,还可以提高老年人的社会参与能力,无论就再就业而言,还是就适应现代化生活而言,都是必要的。保障老年人接受教育的权利,帮助老年人提高知识水平、增强社会参与能力,也成为老年人福利所要考虑的一个重要问题。

---

① 田北海.香港与内地老年社会福利模式比较[M].北京:北京大学出版社,2008,第35页

除以上内容外，老年人在交通、娱乐、法律、信息咨询等其他方面也都有其特殊的需求，老年人社会福利的内容应该尽可能满足他们各方面的需求，以确保老年人生活的安定和生活质量的提高。

第二节　中国的人口老龄化与老年保障

一、中国的人口老龄化

人口老龄化主要是指老年人的人口总数在全国人口总数中的比例越来越高的一种现象。在国际上，一般把 60 岁以上的老年人占人口总量的比例达到百分之十，或者 65 岁以上的老年人占人口总量的比例达到百分之七，作为这个国家进入老龄化状态的主要标准。随着现在社会生活水平的不断提高，老年人的寿命不断延长，相反人口生育率偏低，就会出现人口老龄化的情况。

根据我国在 2010 年底六次人口普查的统计数据中看到，我国 60 岁以上的老年人已经有一亿七千八百多万，已经占到总人口的百分之十三，比 2000 年人口普查统计的比例提高了三个百分点，其中 65 岁以上的人口已经达到一亿两千万，占到了总人口的百分之八点七八，比 2000 年人口普查统计的比例提高了快两个百分点。所以说我国从 1999 年步入人口老龄化以来，老龄化的增长速度较快。由于中国实行了人口计划生育，这也是中国的老龄化发展速度比西方的一些国家发展较快的主要原因。

中国人口老龄化趋势可以如表 4-2 所示。

表 4-2　中国人口老龄化趋势

年份	总人口（中位方案）（亿）	60 岁以上		65 岁以上		80 岁以上	
		人口（中位方案）（亿）	人口（中位方案）（亿）	人口（中位方案）（亿）	人口（中位方案）（亿）	人口（中位方案）（亿）	占总人口比例（%）
2000	12.70	1.31	10.34	0.91	7.13	0.14	10.44
2010	13.76	1.73	12.54	1.15	8.38	0.21	12.23
2020	14.72	2.45	16.61	1.74	11.83	0.30	12.07
2030	15.24	3.55	23.30	2.44	15.98	0.43	12.07
2040	15.43	4.09	26.52	3.24	20.98	0.64	15.64
2050	15.21	4.38	28.76	3.32	21.81	1.00	22.91

二、中国的老年保障

人口老龄化给社会保障制度带来的最大影响，就是使老年保障成为整个社会保障体系中最为重要的系统。

第一，老年人口将成为现代社会保障制度覆盖的日益庞大的对象群体，国家和社会为老年人口提供的保障资金成为整个社会保障制度最庞大的开支项目。

第二，越是发达社会，人口老龄化趋势就越快，老年人口对社会保障的要求就越多，从经济保障到服务保障，再到精神慰藉，从而促使着社会保障体系进一步健全与完善。

我国现行的老年保障，包括社会保障（含社会保险与社会救助）、家庭养老、机构照顾与社区照顾等四个主要部分，属于结构性老年保障。这是社会经济发展到一定历史阶段的产物，是适合目前我国的基本国情的。社会保障主要满足老年人在经济收入方面的需求，家庭养老、机构照顾与社区照顾则主要适应老年人保健服务和生活照料方面的需求。

（一）老年人的经济保障

人进入老年后，自然退出劳动领域，其收入来源便会由此中断或减少，而生活仍需要继续。因此，老年人面临的最突出的问题还是收入中断或减少所带来的经济问题，从而使经济保障成为老年人安度晚年的必要保障。在各国，老年人的经济保障除了来源于家庭或自己的积蓄外，社会化的保障主要来源于养老保险、老年救济和老年津贴等。老年人社会保障，是指家庭对老年人履行不了赡养义务的或对老年人的某些权益难以保障的，需要依靠全社会各方面力量的共同努力，来弥补家庭养老的不足，实现对老年人合法权益的保障。现阶段我国老年人的社会保障涵盖城镇职工的社会基本养老保险，以及面向城市贫困老龄人口的最低生活保障制度、面向部分农村地区的农村基本养老保险制度和面向农村“五保户”提供的社会救助制度。其中，面向城镇退休职工的社会基本养老保险制度是我国目前主要的老年人生活保障制度。在西方发达国家，老年人在退休后主要享受退休金，同时对包括未参加工作的老年人都发放各种形式的老年津贴。这些都从经济上为老年人提供了较为可靠的收入保障。

（二）老年人的服务保障

1. 老年人的机构养老

由于生理机能的衰退，老年人随着年龄的增长，其生活自我照料能力也会持续下降，从而特别需要有相应的生活照料服务等。特别是当体力衰退、疾病（某些疾病是慢性的）和伤残可能妨碍老年人参与社会生活并逐渐降低他们的行动能力或独立生活能力时，他们需要社会化的各种服务。尤其是子女不在身边时，这种需求会表现得更加突出。社会福利服务主要是满足老年人这方面的需求，它主要可以分为两种类型的服务内容：一种是机构照顾（或称院舍服务，residential care），另一种是社区照顾（community care）。

机构照顾是在一定的专门社会服务机构内为老年人提供护理、食宿、生活服务的照顾，是一种以入住方式提供给老年人的综合服务。它通常分为三个层次。

一是老年公寓，主要面对生活能自理的人，公寓主要提供一些辅助性服务，日常生活由老年人自行料理。

二是老年福利院，主要面对能够自理或半自理的老年人，护理院提供完全的生活照顾和护理。

三是护理院主要面对生活不能自理，要借助器材、依靠护理才能实现基本生活的老年人。在实际工作中，这三个层次并不十分清晰，大多数福利院都是综合性的。

在西方国家，进行老年人照顾的机构可以根据其收住对象和所提供的相对不同的服务分为以下几种。

(1)疗养院

疗养院主要提供全天候的专业护理以及医疗服务。住在疗养院的费用会随着所提供的医疗服务的专业性和密集性的不同而有所不同。

(2)安老院

安老院主要是针对那些没有亲属并且也没有工作能力的老年人，所提供的服务主要是住宿与饮食，以及一些像协助穿衣等非医疗性的服务。

(3)身心障碍中心

针对具有身心障碍老人的需要，除了特别的医疗照顾外，还需要一些医疗设备。在丹麦，每一郡都设有残障中心，来帮助有此需要的老年人。服务的项目包括提供外科的整形、假肢、绷带、特别椅、床垫、浴室设备、助听器和室内外的轮椅等，购买和修复假肢的费用也可以申请政府帮助。值得指出的是，具有家庭生活气氛的老年公寓在许多国家颇受欢迎。

(4)日间照顾中心

有些老年人虽然住在家中,但由于自己家人忙于工作难以对老年人照顾周全,因此,也需要机构提供的某些服务。日间照顾中心就是针对这类老年人,在白天为老年人提供保护性的环境以及情绪上的关护。老年人在这里可以享受到生活上、医疗上的帮助以及精神上的支持。

2.老年人的社区照顾

社区照顾是指一种在社区范围内提供的非机构形式的服务,是指在社区中由社区各类人士合作去为有需要的人士提供照顾,以求在社区环境中改善居民生活质量的综合服务体系。非机构形式是相对于各种机构福利设施而言的。老年人口的迅速增长和社会福利需求的不断增加,使得单靠社会保险所提供的经济收入保障和各种机构福利设施的福利供给难以满足老年人的福利需求,于是社区照顾服务应运而生了。它以社区为依托,开展的服务有家政助理服务、老年人日间护理以及老年人活动中心等。

3.老年人的医疗服务

在人口老龄化过程中,老年人医疗保健问题是影响这一群体晚年生活质量的重要问题。生理方面的变化往往导致老年人患上各种慢性疾病,如风湿病、眼病及心血管疾病等。因此,针对带有这些问题人口的保健不但要强调治愈,还要强调通过治疗和护理使患者能够调整自己以适应在某些症状长期存在的情况下生活。人们对社会养老服务保障需求的不断增长成为一种必然现象。然而,我国的现实却是现有的老年人福利和服务设施严重不足,社会福利机构的床位数仅占老年人总数的0.8%,与发达国家的3%～5%的比例相比差距很大,社区老年人的福利和服务设施以及家务服务组织更是匮乏。因此,人口老龄化带来的另一种变化,就是老年社会服务可能成为一个庞大的社会服务部门。发达国家或地区的老年服务项目甚至多达数十种,从家居照顾到保健服务,从日常护理到情感慰藉,老年人口在完善的社会服务网络中能够享受到令人满意的服务。

第三节 我国老年人社会福利的发展

一、我国古代的老年人社会福利

在几千年的农耕社会中,我国一直以家庭生产及自给自足的自然经济为主,家庭负担着生产、生活的各种功能。一个人的生老病死完全依赖家庭,家庭是个人生活的主要依托及其发展的基础,也是个人精神寄托的根本。家庭养老是这种社会的主要养老方式。除此以外,当时也存在一定的社会养老方式,主要表现为由政府从法律上对老人的养老进行一些具体规定,同时,由政府和社会组织举办一些诸如敬老礼仪或慈善性的活动,直接为某些德高望重或孤苦无依的老年人提供物质上的补助。

我国古代的老人社会福利主要有以下形式。

(一)由国家法令规定亲属的赡养义务

唐朝、明朝、清朝等各朝代都对老人的养老做了具体规定。如唐朝、明朝、清朝的律例都规定,如果祖父母、父母在世,子孙分割家产另立门户或不供养老人,按十恶大罪中的不孝罪论处。唐朝的法律《唐户令》规定:“诸鳏寡、孤独、贫穷、老疾、不能自存者,令近亲收养。若无近亲,付乡里安恤。”明朝、清朝的法律规定:“凡鳏寡、孤独及残废之人,贫穷无亲属依倚,不能自存,所在官司,应收养而不收养者,杖六十。”为了救济老年贫穷无依靠的人,各级官府还设立了“悲田院”“福田院”“居养院”等,对社会上无依无靠、无家可归者实行收养。这些措施和活动体现了社会慈善事业的社会保护功能。

（二）从财产制度上对老年人提供物质上的保障

北魏时代的法律做出了“使父子无异财”的规定，主要是保障家产的管理与处置完全由尊长负责。唐朝的《唐律疏议》规定：“凡同居之内，必有尊长，尊长既在，子孙无所自专，若卑幼不由尊长，私取用当家财物者，处罚。”在土地分配方面，唐朝还规定：“老男田二十亩，免除税捐，授予天地。”虽然这只是对老年男性提供土地，含有封建制度对妇女歧视的内容，但也显示出对老年人的生活提供物质保障的意义。

（三）官吏退休制度是国家对老年人社会地位的认定

传统中国社会主要实行家庭养老，但是官员的退休规定提高了老年人在家庭和社会上的地位。早在公元前的春秋战国时期，我国已经出现了退休制度。当时在某些地方废除了旧的世卿世禄（终生俸禄）制度，代之以新的“致仕”（官员退休）制度。

汉朝已逐渐形成了一套相当完备的官员退休制度。东汉时期的《白虎通义》记载：“官吏年满七十，耳目不聪，腿脚不便者，皆得致仕。”退休的年老官吏，可获得原官职俸禄的 1/3，以示尊贤。

唐朝官吏退休之后的经济待遇有了较大幅度的提高。当时的朝廷规定，官吏年满 70 岁以上均应退休；如果未满 70 岁，但形态衰老者也要退休。退休后的俸禄按原官职的高低、贡献的大小而定。五品以上的官吏可得原俸禄的一半；有功之臣，经天子恩典，可得到全部俸禄；京城六品以下、非京城五品以下者退休后，还有永业田养老。

宋朝的官僚机构已经很庞大，虽已有明文规定，但某些官员到年龄仍不退休，滞留官位，朝廷不得不做出一些限制性措施。规定对年满 70 岁的在职官员不再进行“磨堪”（考察），不再评定功过，不予升官，且要劝其退休。

元朝时期，朝廷官员退休年龄仍为70岁，并规定，内外三品以下官员凡年满70者定要退休。明、清两代的退休制度有了进一步的变化，官员的退休年龄由原来的70岁提前到60岁；而且可以提前自愿退休。

老年社会救济和朝廷官员的退休制度是老年人社会地位的直接标志。尽管我国古代已经产生了老人的社会福利，但从养老的经济来源、养老方式、提供养老服务的人员等方面来看，古代的社会养老制度不占主导地位，当时的养老制度主要以家庭养老为主。

二、新中国成立后的老年人社会福利

老年人社会福利的发展演变与时代情景下的政策理念、经济条件、道德伦理观念密切相关。新中国成立后，根据中国社会的变迁和转型，以改革开放为分水岭，可以将我国老年人社会福利的发展演变分为两个阶段：计划经济时期的老年人社会福利（20世纪50年代至70年代中后期）和经济市场化过程中的老年人社会福利（20世纪80年代至今）。

（一）计划经济体制下的老年人社会福利

中华人民共和国刚刚成立时，经济凋敝，存在大量的贫困、需要救济的人员，社会救助任务繁重。因此，这一时期老年人社会福利遭遇到了福利理念等同于救济的尴尬境地，其服务对象局限于无劳动能力、无生活来源、无法定赡养人的“三无”老人和部分生活不能自理的老人。在“一五”计划成功实施、社会主义制度稳固建立及国家初步工业化的宏观背景下，我国政府采取了与高度集中的政治经济体制相适应的“集体福利”政策，国家承担着老年人社会福利的投资与服务提供的责任。1966—1976年“文革”期间，福利的功能被扭曲，管理社会福利事业的内务部被撤销，社会福利事业停滞不前，老年人失去了福利保障。

计划经济时期我国老年人社会福利的特点主要表现如下。

(1)国家在老人社会福利安排中占有绝对的主导地位。社会福利由国家统包统揽，国家承担着完全和无限的福利责任。

(2)老人社会福利主要以集体福利为主，主要由各单位来组织传递与提供福利服务，社会化程度水平极低。

(3)低水平运行的特殊福利。由于国家经济水平的落后，在民政部门负责的老人社会福利方面，财政只给予极有限的支持；在单位提供的社会福利下，老人都是“某单位”的老人，因而享有的福利也只会在本单位内实现。

(4)在农村，国家采取分散供养为主、集中供养为辅的方式对“五保户”老人提供低供养水平的福利服务。

总之，受当时经济发展水平低、政府包揽一切的执政理念的影响，我国计划经济体制下的老年人福利是特殊的选择性的福利，不是普遍福利，是国家统包统揽的福利，而不是社会化的福利，而且老人社会福利制度在低水平、低层次上运行。

(二)市场化改革进程中的老年人社会福利

从20世纪80年代开始，我国已经进入了改革开放时期，国内发生了很大的变化，经济制度由以前的计划经济转变成了市场经济，国家在政治经济的地位也发生了变化，所以以前国家一元主导的地位已经不再适应这个社会的变化，很多单位的福利功能也逐渐的减弱。所以在这个时期，老年人的服务供给与需求就产生了很大的矛盾。这样的矛盾主要体现在以下两个方面。

第一，由于生活水平的不断提高，老年人的寿命不断的延长，快速增加的老年人口和人口老龄化的现状日益凸显，老年人对自身的生活质量提出了更高的研究，所以对护理照顾、健身娱乐和养生提出了更多的新要求。

第二，由于市场经济的转变，市场竞争日益激烈，年轻人所面临的压力越来越大，工作和生活的节奏不断的加快，已经没有更多的时间和精力来照顾老年人的生活，这样使得很多家庭的结构发生了很大的变化，空巢老人、独居老人的情况越来越多，所以以前的传统养老模式受到了很大的挑战。而以前计划经济条件下所兴办的很多老年人福利机构已经不再适应这个社会的发展，很多老年人不愿意选择这样的机构进行养老。

在这样的背景下，我国对社会福利制度包括老年人福利制度进行了适应新形势的探索。在民政部门的管理服务范围内，社会福利服务逐渐走上了独立于社会救济的发展之路。我国福利政策改革的历程大致如下：20 世纪 80 年代，民政部开始探索调动多方面的力量兴办社会福利事业，提出“坚持社会福利社会办”的方针；90 年代《农村五保供养工作条例》《农村敬老院管理暂行办法》《农村敬老院管理暂行办法》《中华人民共和国老年人权益保障法》的颁布实施，进一步丰富、健全了我国现行的法律体系，也使得我国的老年人福利工作走上了法制化和规范化的轨道；2000 年居家供养、社区福利服务和福利机构相结合的福利服务体系正式提出；2005 年民政部制定了《关于开展养老服务社会化示范活动的通知》，加快推进社会福利社会化进程，促进老年社会福利事业的发展；2006 年又颁布了《关于加快发展养老服务业的意见》，要求进一步发展老年福利事业、大力发展社会养老服务机构、鼓励发展居家老人服务机构、支持发展老年护理。

2011 年 9 月国务院发布《中国老龄事业发展“十二五”规划》，积极探索中国特色社会福利的发展模式，发展适度普惠型的老年社会福利事业，研究制定政府为特殊困难老年人群购买服务的相关政策；进一步完善老年人优待办法，积极为老年人提供各种形式的照顾和优先、优待服务，逐步提高老年人的社会福利水平；有条件的地方可发放高龄老年人生活补贴和家庭经济困难的老年人养老服务补贴。具体表现在：在老年医疗服务方面，推进老年医疗卫生服务网点和队伍建设、开展老年疾病预防工作、发展老年保健事业；老年人福利服务方面，重点发展居家养老服务、大力发展社区照料服务、统筹发展机构养老服务、优先发展护理康复服务、切实加强养老服务行业监督；在老年人精神文化生活方面，加强老年人教育、文化、体育健身工作，扩大老年人的社会参与度度，等等。

从上面我国社会福利发展改革的历程可以看到一个清晰的发展趋势：我国社会福利政策从以前的政府统管转变为社会化资源合理优化与配置进行转变，由以前政府一元化主体转变为多元化主体，现在正处于一条“社会福利社会化”发展的道路上不断创新发展。在老年人养老方面，也已经转变为社会化养老模式。

社会福利改革发展的主要理念就是社会福利社会化，真正的摆脱了以前计划经济的政府包办的模式，在老年人的社会福利中，以提倡社区服务为基础来实现社会福利社会化的最终目标，从而也弥补了政府在老年人社会福利中制度的缺失。

综上所述，市场经济体制下的老年人社会福利制度与以前计划经济制度下的老年人社会福利制度相比较，具有以下几个显著的特点。

(1)国家政府的主导责任已经明显的减弱，单位的老年人福利功能也在不断的消失，重点的强调多元主体的变化，真正的实现社会化养老的发展模式。

(2)老人福利的对象扩大。改革开放以后，由于人民生活水平提高，老年人对福利服务的需求在数量上和质量上都有所提高，传统老年人社会福利已经不能适应新形式的需求，社会福利的对象必然要扩展。

(3)老年人的社会福利社会化发展。主要的变化是：以前负责老年人社会福利的政府职能部门由原来的民政部门已经逐步的转移到了各个社区组织或者社区居委会，以前原有的福利社会也已经向社会开放；社会福利的提供主体也已经向多元化发展，农村老年人、城镇老年人、没有固定经济来源的老年人都成了老年人社会福利的主要对象。

此外，我国还通过1982年修订的《宪法》，以及此后颁布的《老年人建筑设计规范》《社会福利机构管理暂行办法》《社会福利机构基本规范》《社会福利机构区域设置规划》等一大批相关法律法规，为老年人合法权益保护提供法律依据。

第四节　推进我国老年人社会福利的对策思路

一、我国老年人社会福利现状及存在的问题

（一）我国老年人社会福利现状

根据《中华人民共和国老年人权益保障法》的有关规定，国家和社会采取一定措施，不断改善老年人的生活质量、健康以及参与社会活动的条件。各级政府应该把老年人的社会福利建设归纳在国民经济和社会发展的目标中，不断地增加对老年人社会福利的投入，并且鼓励更多的企业和个人加入到老年人社会福利的发展中，使得老年人的社会福利与当今的经济发展和社会相协调。

近年来，我国正在不断地摸索社会福利社会化的发展模式，已经逐步形成了以国家和集体为主要主体，其他社会力量和个人为辅助主体的构建模式，以社区老年人福利为基本途径，以家庭养老为基本模式的老年人社会福利体系。

从统计数据来分析，我国目前各类老年人社会福利机构大概三万多个，一共提供的床位大概是一百多万张，按照老年人的总数量计算，平均每千人60岁以上的老年人平均拥有8.4张床位，远远达不到老年人的需求量。

由于人们生活水平的不断提高，老年人的寿命不断提高，中

国人口老龄化的趋势越来越严重，老年人的社会福利已经成了社会保障体系中比较重要的内容，完善的老年人社会福利不仅能够解决老年人的生活环境，而且可以减轻老年人的家庭负担，有利于社会和谐发展。针对我国人口众多，老龄化日益严重的发展趋势，在养老模式上应该大力发展社会福利社会化，积极的探索以家庭养老为主要基础，以社区服务为依托、以老年人社会福利机构为补充的适应中国老年人的养老模式。

（二）我国老年人社会福利存在的问题

在我国经济转轨、社会转型、人口老龄化加速发展的历史条件下，我国现阶段的老年人福利事业无论从量的规模还是从质的结构上，都不能适应经济和社会发展的需要。目前，我国的老年人社会福利事业覆盖面小、整体水平较低的特点已经越来越不适应形势发展的需要，面临着严峻的挑战。我国老年人福利事业主要面临以下几个问题。

1.地区与城乡之间的差距加大、发展极不平衡

经济发达与欠发达地区在社会福利机构的资金投入、人员素质和管理水平、服务质量等方面相差甚远。中国有80%的老年人生活在农村，仍未有一所全面的福利机构。因为制度化的社会服务本来就不多，农村的民政工作大致只局限于救灾、扶贫，其形式仍脱离不了紧急救济，能够为老年人提供的福利也极为有限。

2.服务范围较小，供需矛盾凸显

随着经济发展和社会进步，特别是人口老龄化、家庭小型化、农村城市化进程的加快，使人民群众对老年人福利需求急剧增加。而目前我国的福利供给严重不足，据测算，我国现有的社会福利服务只能满足5%的社会需求。目前我国老年人福利事业单位整体数量少，且设施、设备普遍比较陈旧落后，服务水平

低。国家对福利保障和福利服务的资源投入增加少，比重低，福利服务的增加远赶不上社会需求的增长。

同时，现有的养老机构普遍存在着房屋狭小、设施简陋的情况，不少地方连老人如厕的问题都难以解决。而新建的、改建的条件较好的机构却放弃了最应该坚持的原则而搞成了宾馆饭店的“标准间”形式，收费价格相对家庭或老年人的实际经济水平显得普遍较高。诸多原因的汇集导致了一方面大量老年人求助于养老机构，另一方面又有大量的床位空闲而无人入住（入住率为 75％左右），从而产生了一方面总量供给不足，另一方面有效需求不旺的尴尬局面。

3. 仍未摆脱计划经济下的管理模式，社会化难以实现

在计划经济模式下，我国的老年人社会福利机构都是由政府或者集体所承办的，社会力量很少融入社会福利中。由于这样的状况在市场经济中很难及时改变，所以对老年人社会福利的发展十分不利。一方面，由于老年人福利机构难以社会化，很多地方都需要靠政府的投入才能改变设施和生活环境，但是政府的支出又包括很多其他的项目，投入到老年人社会福利中的经费十分有限，所以导致了老年人社会福利发展十分缓慢；另一方面，在计划经济条件下形成的老年人社会福利机构与政府和集体仍然保持着一种管理与被管理关系，依然遵循着以前大锅饭的领导方式，不能形成独立的经济效应，所以老年人的社会福利机构难以利用资源来创造更多的利润。

4. 服务队伍的专业化水平较低

从目前从事社会福利的从业人员的岗位责任和专业要求来看，现在的服务队伍远远不能满足老年人社会福利发展的需求。专业人员水平较低、专门从事社会福利管理人员严重缺乏。从统计的数据可以看出，全国民政系统从事社会福利工作的人员大概是四十多万人，而全国统计的城市低保对象已经达到两千

两百多万人，农村低收入人口和贫困人口已经达到了六千五百多万人，全国残疾人口有八千两百多万人，重点优抚对象有四百六是多万人，孤儿有五十多万人，老年人有一亿多人，常年受灾人口有一亿多。

社区服务的工作也会遇到同样的问题，这些已经严重影响到社会福利的开展、内容和服务质量的提高。

5.政府对老年人社会福利资金投入少

中国发展研究基金会 2009 年发布一份名为《构建全民共享的发展型福利体系》的报告，报告指出要实现“老有所养”的目标，到 2012 年，预计养老保障的财政投入预计需要 8300 亿元，到 2020 年，预计养老保障的财政投入要 13700 亿元左右；2009 年，中国政府在社会福利上的投入为 GDP 的 6 %，按照这个数字，届时会出现巨大的资金缺口。由于我国财政支出结构的限制，政府对于社会福利的投入较少，导致当前的社会福利机构，尤其是老年人社会福利机构的资金严重不足。近年来，许多社会福利机构为增加自身的发展能力，开展多种经营活动，走以副养院的道路，但由于缺乏相应的扶持保护政策，特别是经济包干政策和税收优惠政策在许多地方还未落实，因而影响了社会福利机构自我发展的能力。

面对现在日益严重的人口老龄化问题，我国还存在很多落后的观点和想法，尤其表现在落后的制度上。所以应对人口老龄化带来的压力，首先必须从制度上加以改变，只有完善的制度实施，才能解决目前出现的困难，预防以后可能会出现的问题。

由于制度没有完善，很多地方的社会保障工作已经出现了很大的压力，甚至由于监管不到位，出现了社会保障资金非法挪用，入不敷出的严重问题。由于没有制度的规划，所以老年人的社会福利模式得不到发展，与老年人相关的设施已经严重滞后，老年人的福利机构已经严重不足，老年人的正当权益已经得不到任何的保障。

由于没有制度支撑，全国现有的各级老龄机构设置不统一，级别、性质不规范。涉及老年人福利的有关机构没有独立的办事环境，各地的老龄机构设立不统一，分别隶属于民政部门、组织部门或劳动部门，没有一个统一的管理体系。同时各种机构名称杂乱，有的称“老龄委员会”“老龄工作委员会”“老龄问题委员会”“老龄协会”“老龄工作处”“老龄办公室”。这不仅直接影响到老年人的生活，使老年人的生活质量难有保障，而且还影响到其他人群，这使得年轻人不得不付出巨大的财力和精力组织安排老年人赡养事务。

所以说，制度的制定直接影响到老年人社会福利发展，但是目前制度安排的滞后直接与我国对老龄化问题的严重性认识不足有很直接的关系。从政府的政绩考核来说，一些地方主要看中就是经济数据的增长等这些硬性指标，而不是从经济协调发展的综合角度来进行考核。但是从更深层次来看，人口问题才是最根本的问题，因为人口问题是一个综合性的问题，它关系到经济结构、社会保障、就业、教育、家庭及社会稳定等很多的问题，所以地方政府应该对人口问题重视起来，不能再以那些硬性的指标来衡量当地经济的发展。对人口老龄化问题的忽视会暴露出有些部门对现代化建设的认识不足，对经济社会和谐发展的能力严重缺乏。

制度是解决问题的重要方式，所以说要想解决中国人口老龄化所带来的相关问题同样需要制度的制定。所以应该从有效的制度安排开始，积极的解决中国老龄化所给社会保障带来的压力，最终建立一个合理的社会体系来满足中国老年人的各种需求，让老年人能够安度晚年，这样把老龄化的问题控制在较小的范围之内，从而保障了社会现代化的发展。

二、改善我国老年人社会福利的新思路

（一）明确我国老人社会福利制度深化改革的方向

随着社会经济的不断进步，市场经济的社会化，中国老年人社会福利的改革应该参照国外发达国家的成功做法，结合中国的实际情况，探讨出一条适合中国特色的老年人社会福利。

由于我国人口众多，老龄化趋势越来越明显，我国应该结合实际情况，建立以家庭养老为基础、以社区服务为依托、以老年人社会福利机构为补充的一种综合家庭养老与社会养老为一体的社会福利模式。我国老年人社会福利改革的重点和难点之处就是老年人社会福利的社会化。

老年人社会福利社会化的内容主要有以下几点。

第一，政府应该转变职能，由以前的管理职能转变为监督职能，让更多的社会组织承担管理职能。

第二，结合中国实行的“政企分开”的做法，让老年人社会福利机构实现企业化，改变以前由政府兴办的途径，由更多的社会力量来兴办老年人福利机构，同时实现经营权上的独立，经济费用上的独立，亏盈自负，让老年人福利机构成为独立的服务机构。

第三，应该鼓励更多的社会组织来参与老年人社会福利机构的管理，从而扩大老年人社会福利的供给量，让更多的老年人能够安度晚年，享受生活。

第四，充分的开发民间资源，改变以前政府投入资金来维持老年人社会福利机构的发展，不断地发展慈善事业，让更多的人参与到社会福利中。

所以说老年人社会福利社会化最终的目标是发挥社会力量在老年人社会福利发展中的作用，最后能够实现主体社会化、服务对象多元化、服务方式多样化、经营模式市场化和服务人员专

业化。

主体社会化主要是指由以前政府为主体的单一模式改变为主体多元化，主体可以包括国家、集体、民间组织、社会团体或者个人，只要具备一定的经济实力，自愿投入到社会福利事业中，都可以成为老年人社会福利机构的主体。

服务对象多元化主要是指以前老年人社会福利机构对接收的老人有比较严格的要求，比如年龄要求、有无赡养人等。只有符合规定的老年人才能进入到社会福利机构。而现在，只要老年人有意愿，就可以选择适合自己的社会福利机构进行养老。

服务方式多样化主要是指根据现在老年人的需求，提供相应的服务。以前的服务方式比较单一，只是照顾老年人基本的生活起居，能够吃饱穿暖就可以。而现在提供的服务方式更多样化，比如，根据老年人的喜好安排活动，对于一些身体状况不好的老年人提供读报、读书等服务。服务方式的多样化就是为了能够满足老年人对生活质量的追求，让他们能够在愉快的生活环境中度过每一天。

服务人员专业化主要是指在老年人社会福利机构的工作人员更加的专业化，工作人员不仅需要学习更多的医疗护理知识，还需要学习老年人的心理健康知识，学习如何与老年人沟通，学习一定的才艺等。

经营模式市场化主要是指改变以前计划经济模式下的管理方法，打破大锅饭的形式，以市场需求为经营理念。在管理老年人社会福利机构中不仅需要创造社会效益而且要创造经济效益，只有有了经济效益，才能为社会福利机构创造更好的环境。

（二）以政府为主导、社会参与为辅的发展模式，保障老年人社会福利健康发展

在老年人社会福利事业发展中，政府的责任定位是关键一步。在国外，与老年人相关的社会福利制度都是在政府的主导下进行的，特别是在制度创立初期，正是由于政府的参与和主

导，老年人福利制度才得以顺利实施。在我国经济社会的发展过程中，特别是在落实科学发展观、构建和谐社会和加强政府公共服务职能的背景下，政府应当进一步强化对老年人福利事业的资金投入规模和政策扶持力度。

一是要加大财政投入的力度。随着政府职能的转变和公共财政体制框架的逐步建立，政府应逐步加强对社会福利的投入，切实保障“三无”老人、贫困老人的生活标准不低于当地平均生活水平，同时还要切实保障对社会福利机构建设、社区养老设施兴办和居家养老服务体系建设的投入，采取民办公助、购买服务等多种方式支持、鼓励社会力量的参与。

二是要加大对社会力量举办社会福利服务机构的政策支持力度，在规划、建设、税费减免、用地、用水、用电等方面制定优惠政策，鼓励和支持社会力量兴办社会福利机构。

三是要加大对各类养老福利机构的指导和规范力度，努力创造公平竞争的环境，预防侵害老年人权益的现象发生，维护广大老年人的合法权益，促进政府主导和社会参与之间的良性互动。

建立中国特色的社会福利服务制度，离开政府的主导行不通，完全由政府包揽不现实。实践证明，调动社会力量参与，推进社会福利服务社会化，有利于缓解政府财力不足同全社会日益增长的巨大福利需求之间的突出矛盾，是发展中国社会福利事业的必由之路。

第一，充分利用社会政策引导民间力量参与老年人福利事业，尤其要划分清楚福利服务和经营服务的界限，切实制定有利于福利服务的政策法规。

第二，推动福利事业和慈善事业的良性互动，社会福利事业的发展需要大力弘扬全社会的慈善意识，为包括慈善资金在内的社会力量参与社会福利事业营造良好的舆论氛围和投资环境。同时，社会福利事业也是慈善事业发挥作用的重要载体之一，而社会力量参与老年人社会福利事业正是慈善事业的有效实现形式，政府可以通过采取一系列优惠政策为发展社会福利搭建桥梁，积极鼓励非营利性社会组织和慈善宗教团体参与老年人福利事业的发展。

第三，充分调动广大人民群众参与老年人福利事业的积极性，从倡导和挖掘传统文化中的积极因素的角度出发，积极倡导亲友、邻里之间的互助服务和志愿者服务。

第四，继续扩大福利彩票发行，坚持“扶老、助残、救孤、济困”的发行宗旨，筹集彩票公益金，为促进老年人社会福利事业发展提供资金支撑。

（三）加强老年福利政策法规建设，推进老年人社会福利制度化和规范化

我国已经进入老龄化社会，而且老龄化的程度和速度将继续加大，及早修订和不断完善保护老年人权益的法律，以及与老年人福利相关的制度，将老年福利工作纳入法制化管理的轨道，已经成为现实对我们的迫切要求。基于中国老年福利法律法规建设历史欠账过多，加之中国的立法基本原则是由低到高，由规范性文件、规章逐步上升到法规、法律，因此在短期内建立完善的老年人社会福利法规体系的设想是不现实的，这是一个需要长期努力的过程。

健全老年人社会福利法规体系，首先要在宪法层次，明确国家、社会与家庭对于老年人的保障和照顾义务。其次要在法律层次，根据经济社会发展的要求，以及老年人合法权益保障的现状和人口老龄化程度不断加深的趋势，及时修订《中华人民共和国老年人权益保障法》，遵循针对性和可操作性的原则，突出保障老年人的生命权、健康权、人身权、财产权和经济社会发展参与权，对违反者规定具体的法律责任，加大对违法行为的责任追究力度，并通过建立健全执法监督检查制度，使老年人合法权益真正得到维护。针对老年人的社会救助、社会保险、社会福利服务等具体的政策制度则需要进一步的探索完善，不断促进制度

的规范化和可持续化，并随着制度的建立健全，再逐步向法规、法律过渡。当前，可以根据需要先行制定或修订与老年社会福利相关的部门规章与地方规定，各部门、各地区按照国务院《关于加强和改进社区服务工作的意见》、国务院办公厅转发全国老龄委办公室和发展改革委等部门《关于加快发展养老服务业意见的通知》等中央有关文件精神，根据经济社会的发展、环境的变化与各地的实际，适时、适地制定与老年人社会福利相关的规范性文件，使之在我国老年人社会福利事业发展过程中发挥重要作用。

（四）推进专业教育和职业培训，促进老年人福利服务队伍的专业化

建立一支高素质、专业化的服务队伍，是提升老年人福利服务水平，为老年人提供优质服务的重要条件。随着社会发展，老年人社会福利工作对专业技术知识和专业工作方法及服务技巧的要求也会越来越高。因此，发展老年人福利事业必须加强社会福利服务人员队伍的知识化、专业化建设。

一是研究制定老年人福利的服务质量、服务自治、服务信息、服务安全卫生等方面的具体规范，明确老年人福利服务工作中各个岗位的专业标准和操作规范，使每个工作人员都能明确自己的工作职责，遵守操作规范。

二是积极开发人力资源，逐步提高服务人员待遇，吸纳专业人员到老年福利服务人员队伍中来。加强对现有工作人员的专业化培训，依托专业化、社会化培训机构，做到证书培训和继续教育培训相结合，进一步完善护理人员、医护康复人员培训课程，不断提升从业人员职业素质。建立养老院院长执业证书制度，强化管理人员的行业准入，逐步实现从业人员持证上岗。

三是积极发动志愿者队伍参与老年福利服务，通过倡议、发动、引导志愿者服务活动，建立“劳务储蓄”制度等多种措施，不断壮大志愿者服务队伍，促进志愿者服务制度化、规范化、经常

化，建立起一支专业人员与志愿者相结合的老年人福利服务队伍。

四是推广养老福利服务机构配置社工的做法，积极引进一批专业素质高、实际工作能力强、知识结构合理的社会工作专业人员，补充到老年人社会福利事业日益壮大的服务队伍中，并为他们创造良好的工作条件和发展环境，提升养老机构专业化服务和管理水平。

第五章　我国儿童社会福利的发展与改革

儿童是国家的未来，一个国家儿童的状况将会对这个国家的未来实力产生直接的影响。随着世界经济的迅速发展，再加上国际组织及各国政府的努力，当前世界各国的儿童事业已经取得了很大的进步。但是由于各个国家在经济、政治、文化等方面存在很多的不同之处，因此各国的儿童事业发展并不均衡，很多国家和地区的儿童事业仍然存在很多的弊端。为了完善儿童制度，保证儿童的健康成长，因此就需要大力发展各国的儿童社会福利事业，并且不断对其进行改革和完善。

第一节　儿童福利及其需求

一、儿童福利

儿童福利的概念可以从广义和狭义两个方面来进行理解。广义上的儿童福利指的是，一切与儿童有关且有利于儿童发展的福利措施和福利制度。《联合国儿童权利宣言》指出："凡是以促进儿童身心健全发展与正常生活为目的的各种努力、事业及制度等均称为儿童福利。"①《美国社会工作年鉴》则指出："儿童福利旨在谋求儿童愉快生活、健全发展，并有效地发掘其潜能，它包括对儿童提供直接福利服务，以及与促进儿童健全发展有

① 赵映诚，王春霞. 社会福利与社会救助[M]. 大连：东北财经大学出版社，2010，第61页

关的家庭和社区的福利服务。"①

美国福利联盟认为:"儿童福利是针对那些父母无能力照顾、社区资源不足的儿童、青少年,提供促进其家庭和社区养育,保护儿童能力的服务。因此,儿童福利服务是支持、补充或替代父母功能不足、有缺陷或停顿的情况,以及修正现有社会结构,或创立新机构来改善儿童及其家庭的状况"。②

在我国,对于儿童福利的定义主要是从狭义的方面来理解的。其具体定义为,儿童福利是指由社会福利机构向特殊儿童群体——孤儿与弃婴等提供的一种福利服务。儿童福利的功能主要倾向于救助、矫治、扶助等恢复性功能。我国儿童社会福利所针对的群体主要是那些在生活中遭受不幸儿童。例如,残疾儿童、孤儿、弃婴和流浪儿童等。

二、儿童的福利需求

儿童作为未来社会的主体,是社会中一项重要的有机组成部分,其最先要享受到的就是基本的公民权。除此之外,儿童处于社会群体的弱势,因此还应对他们制定专门的社会福利和其他的各项保护政策。

应当注意的是,儿童社会福利的需求是在儿童权利观念的基础之上来建立的,其是将儿童看作了一个能动的社会主体,然后再对其发展本质进行认识和判断。在对一个国家社会福利是否全面进行评价时,首先应该看该国家针对儿童福利是否涵盖了各层次、各类型和各阶段的所有需求。一般认为,儿童的需求所包含的最基本的内容应包括营养、快乐、安全等。

具体来说,儿童福利需求的主要内容如表 5-1 所示。

---

① 赵映诚,王春霞. 社会福利与社会救助[M]. 大连:东北财经大学出版社,2010,第 61 页

② 周振欧. 儿童福利[M]. 台北:巨流图书公司,2011,第 49 页

表 5-1　儿童福利需求

	儿童福利需求	具体内容
1	获得基本的生活照顾的需求	家庭与社会应满足青少年(儿童)成长过程中的基本生活需求和被养育需求
2	获得健康照顾的需求	包括适当的身心医疗照顾和预防保健服务
3	获得良好的家庭生活照顾的需求	家庭应提供良好的亲子关系和适当管教的环境
4	满足学习的需求	社会应向青少年提供(儿童)充足的就学机会和良好的教育环境
5	满足休闲和娱乐的需求	家庭和社会应提供足够的休闲、娱乐场所和设备,并教导其养成良好的娱乐态度和习惯
6	拥有、提高社会生活能力的需求	家庭与社会应培育青少年(儿童)有关社会关系和人际交往技巧、生活技能、适应能力和学习正确价值观等多种能力
7	获得良好心理发展的需求	家庭和社会应协助青少年(儿童)建立自我认同,提高自我成长的能力
8	免于被剥削、被伤害的需求	保障青少年(儿童)人身安全、个人权益及免于被剥削、被伤害等权利

第二节　我国儿童社会福利的内容

一、社会保护福利

由于儿童是未成年人,无论是在生理上还是在心理上的发育都还不成熟,因此缺乏对事物正确的判断力,对环境的承受能力也极为有限,因此为了保证儿童能够健康、茁壮成长,国家、政府和家庭应当给予儿童有效的保护,避免其受到伤害。为此,国家专门颁布了该方面的法律措施，从而为保护儿童提供了法律上的支持。

（一）《中华人民共和国预防未成年人犯罪法》

《中华人民共和国预防未成年人犯罪法》主要是为了有效预防未成年人犯罪，保障未成年人身心健康，培养未成年人良好品行所制定的。当前未成年人的犯罪率居高不下，对于预防未成年人犯罪已经成为当前国家考虑的一项重要问题。对于儿童来说，应当首先对其进行良好的教育，培养其高尚的思想道德水平，对他们出现的不良思想或是行为应及时予以矫正，避免更大错误的出现。

预防未成年人犯罪，应当结合未成年人不同年龄的生理、心理特点，加强青春期教育、心理矫治和预防犯罪对策的研究。想要有效降低未成年人的犯罪率，需要全社会的共同努力。各级人民政府应联合司法机关、人民团体、有关社会团体、学校、家庭、城市居民委员会、农村村民委员会等各方面的力量，实行综合治理，创造出一个适合未成年人发展的良好的社会环境。

城市居民委员会、农村村民委员会应当积极开展有针对性的预防未成年人犯罪的法制宣传活动。未成年人的监护人应当树立起教育和保护未成年的重要责任，对于未成年出现的一些叛逆行为，应当及时给予矫正或是进行良好的沟通，不能放任他们的不良思想或是行为持续泛滥，要切实履行监护责任。学校应该定期进行预防未成年人犯罪的主题活动，可以通过讲座、座谈或培训等活动，针对未成年人不同时期的生理、心理特点，介绍良好有效的教育方法，指导教师和未成年人监护人有效矫正未成年人的不良行为。教育部在对学校进行总体考核时，可以将预防未成年人犯罪的工作效果作为一项重要的指标。

（二）《中华人民共和国未成年人保护法》

《中华人民共和国未成年人保护法》是为了保护未成年人的

身心健康，保障未成年人的合法权益，促进未成年人在品德、智力、体质等方面全面发展所专门制定的法律。该法律指出，保护未成年人，是国家机关、武装力量、政党、社会团体、企业事业组织、城乡基层群众性自治组织、未成年人的监护人和其他成年公民的共同责任，未成年人应该得到司法保护、社会保护、学校保护和家庭保护。

(1)司法保护，要求公安机关、人民检察院、人民法院以及司法行政部门，应切实履行自身的职责，对拐卖儿童的行为进行严厉的打击，在各项司法活动中要注意保护未成年人的合法权益不受侵害。

(2)社会保护，在全社会中应当全面树立起保护、尊重、教育未成年人的良好风气，对未成年人给予关心和爱护。国家保护，对于一个国家来说，应当鼓励社会团体、企业事业组织以及其他组织和个人，开展多种社会活动，实现未成年人的健康成长。

(3)学校保护，儿童有三分之一的时间几乎都是在学校中度过的，因此学校对于保护儿童来说就担负了重要的责任，在全面贯彻国家教育方针的前提下，全面提高教学质量，培养学生的独立和创新实践能力，实现他们的全面发展。

(4)家庭保护要求父母或者其他监护人应当创造良好、和睦的家庭环境，依法履行对未成年人的监护职责和抚养义务。禁止对未成年人实施家庭暴力，禁止虐待、遗弃未成年人，禁止溺婴和其他残害婴儿的行为，不得歧视女性未成年人或者有残疾的未成年人。

(三)《禁止使用童工规定》和《未成年工特殊保护规定》

为了保证未成年工能够在工作方面得到保障，国家先后颁布了《禁止使用童工规定》和《未成年人特殊保护规定》两部法律法规。《禁止使用童工规定》中指出，童工是指未满16周岁，与单位或者个人发生劳动关系，从事有经济收入的劳动或者从事个体劳动的少年、儿童。为保护少年、儿童的身心健康，促进义务教育，禁止国家机关、社会团体、企业事业单位和个体工商户、农户、城镇居民使用童工。劳动部 1994 年颁发、1995 年起施行的《未成年工特殊保护规定》指出，未成年工是指年满 16 周岁，未满 18 周岁的劳动者。由于儿童正处于生长发育的关键时期，因此为了保护儿童的身心健康和合法权益，用人单位必须对其制定特殊的劳动保护措施，明确未成年人应当禁止从事的工作内容。

二、儿童教育福利

（一）儿童学前教育

当前，学前班儿童入园难也是社会中面临的一个难题，因此政府应当加大对学前教育的扶持力度，鼓励学前教育的建设。幼儿教育是学前教育的必经阶段，做好幼儿的学前教育无论是对孩子以后的入学或是对于国家未来的发展都具有重要的意义。2010 年，我国发布了《国务院关于当前发展学前教育的若干意见》，该意见指出对于学前教育的发展，必须要秉持公益性和普惠性，积极构建能够全面覆盖城乡的学前教育公共服务体系，能够保证幼儿可以接受到正规、系统的学前教育；要从实际出发，因地制宜，为幼儿和家长提供方便就近、多层次的学前教育服务；根据幼儿身心发展规律，科学育儿，实现幼儿健康快乐的成长。

国家不断加大对学前教育的费用投入，由每个家庭合理分担学前教育成本，建立学前教育资助制度，对家庭经济困难儿童、孤儿和残疾儿童进行资助，实现普惠性的学前教育。中央财政已经设置了专项经费，对中西部农村地区、少数民族地区和边疆地区的学前教育和学前双语教育进行专门的资助，帮助当地幼儿可以接受平等的教育。

（二）儿童义务教育

儿童的教育福利是一项基本福利，儿童应当接受义务教育，这既是他们的权利，同样也是他们的义务。我国制定了多部法律，专门对儿童的受教育福利进行了规定，主要的法律有《中华人民共和国义务教育法》《中华人民共和国未成年人保护法》《关于幼儿教育改革与发展的指导意见》《中共中央、国务院关于深化教育改革，全面实施素质教育的决定》和《国务院关于基础教育改革与发展的决定》等。《中华人民共和国义务教育法》规定，“凡年满 6 周岁的儿童，不分性别、民族、种族，应当入学接受规定年限的义务教育；义务教育实行免学杂费，对经济困难的学生还免教材费和对寄宿费进行补助。”《中华人民共和国未成年人保护法》规定，“父母或者其他监护人应当尊重未成年人受教育的权利，必须使适龄未成年人依法入学接受并完成义务教育，不得使接受义务教育的未成年人辍学；学校应当尊重未成年学生受教育的权利，关心、爱护学生，对品行有缺点、学习有困难的学生，应当耐心教育、帮助，不得歧视，不得违反法律和国家规定开除未成年学生。”这些法律的制定，为儿童的教育福利提供了切实的保障，有利于实现儿童的全面发展。

三、儿童文化娱乐福利

由于儿童的生理和心理都处于成长的时期，文化娱乐是其生活的重要方面，因此必须要注重儿童文化娱乐福利的发展，通过文化娱乐活动，有利于丰富儿童的生活，保证其身心的健康成长，同时还有利于培养其健康的生活习惯，不断丰富儿童的想象力和创造力。提高儿童文化娱乐福利的措施主要包括以下几方面。

（1）国家方面，应制定有效的措施，鼓励新闻、出版、信息产业、广播、电影、电视、文艺等单位和作家、艺术家、科学家以及其他公民，创作或者提供有利于未成年人健康成长的作品。除此之外，国家还应加大专门针对未成年人出版图书、报刊、音像制品、电子出版物以及网络信息等企业的支持力度。

(2)社会方面，可以对未成年人免费开放爱国主义教育基地、图书馆、青少年宫、儿童活动中心等地点；免费或优惠开放博物馆、纪念馆、科技馆、展览馆、美术馆、文化馆以及影剧院、体育场馆、动物园、公园等场所。

(3)学校方面，要科学设置教学课程，不仅要制定各种必修课，同时还要根据儿童的学习情况适度增加相应的选修课，丰富儿童学习生活。不断加大对文化娱乐设施的投入，丰富儿童的业余生活，寓教于乐，保证儿童身心得到健康发展。

四、儿童保健福利

通常，儿童保健福利主要包括两方面的内容，一项是计划免疫，另一项是常规疾病的检查和保健。

(一)计划免疫

近年来，国家对于计划免疫的建设力度不断加大。卫生部下发的《扩大国家免疫规划实施方案》中，提出要继续扩大国家免疫的规划范围，并且将甲肝、脑流等 15 种可以通过接种疫苗有效预防的传染病纳入到了国家免疫规划之中。在该方案中，涉及的儿童的免疫项目有：在现行全国范围内使用的乙肝疫苗、卡介苗、脊灰疫苗、百白破疫苗、麻疹疫苗、白破疫苗 6 种国家免疫规划疫苗基础上，以无细胞百白破疫苗替代百白破疫苗，将甲肝疫苗、流脑疫苗、乙脑疫苗、麻腮风疫苗纳入国家免疫规划，对适龄儿童进行常规接种。

(二)常规疾病的检查和保健

儿童正处于生长发育的旺盛时期，因此阶段性特征明显，要加强对各个阶段的检查和保健，保证儿童的健康成长。对于7岁以下的儿童保健来说，如果居住地是城市，那么就需要由居住社区所指定的保健所或是综合医院来负责进行检查；如果居住地是农村，那么就需要由当地的乡村医生和上级保健所巡回医生共同来负责儿童的保健。在对儿童进行保健的过程中，需要按照孕产期保健、新生儿保健、婴幼儿保健、学龄期儿童保健等儿童所处的不同阶段，分别对其进行检查。一般说来，健康保健所包含的项目有：新生儿专案管理、儿童传染病管理、儿童保健指导、定期检查、健康观察、佝偻病、营养不良等儿童常见病门诊等。对于卫生部门来说，应全面做好对儿童的预防接种工作，对国家免疫规划所规定的项目进行免费的接种工作；要加强对传染病防治工作的监督管理，对儿童中常见的疾病要积极进行防治，着重加强对幼儿园、托儿所等场所卫生保健工作的监督和检查。对于学校来说，由于儿童在学校度过的时间较长，因此学校应该对他们的卫生保健和营养起到监督和指导的作用，为学生提供必要的卫生保健条件，充分做好儿童疾病的预防管理工作。

五、特殊儿童福利

所谓“特殊儿童”，实际上是相对于“正常儿童”来说的，其主要指的是那些残疾儿童、孤儿、弃婴弃儿和流浪未成年人。我国民政部在2001年颁布了《儿童社会福利机构基本规范》，其中对特殊儿童的定义进行了规定：残疾儿童指的是，符合国家规定的残疾标准的不满14周岁的儿童；孤儿指的是，丧失父母的儿童；弃婴指的是，无法查找到亲生父母的不满1周岁的儿童；弃儿指的是，查找不到父母的超过1周岁的儿童。特殊儿童福利指的是，特殊儿童除去享有其他正常儿童所享有的所有权利之外，国家和政府还专门为其提供了特殊的福利项目。

（一） 收养和家庭寄养

1.收养

收养是特殊儿童福利的一种形式。收养指的是，我国公民或是外国公民依法领养他人子女，并确立父母子女关系的民事法律行为。国家鼓励依法收养孤儿。收养子女的行为应该按照《中华人民共和国收养法》相关规定，依法进行办理。该法规定："收养应当有利于被收养的未成年人的抚养、成长，遵循平等自愿的原则，并不得违背社会公德。"除此之外，被收养人需要满足一定的条件，如不满14周岁的未成年人可以被收养或是丧失父母的孤儿、查找不到生父母的弃婴和儿童、生父母有特殊困难无力抚养的子女可以被他人收养。收养的形式根据收养人国籍的不同可以分为国内公民收养和外国公民收养两类。

（1）国内公民收养

国内公民收养孤儿，如果需要为其办理户口登记或是迁移手续的，户口登记机关应当依法及时协助其办理相应的程序，并且在登记与户主关系时，应当注明为子女关系。应当注意的是，如果寄养家庭愿意收养寄养孤儿的，那么应当优先为其颁发收养手续。

（2）外国公民收养

如果外国公民想要收养我国的孤儿，那么应当完整提供收养人的年龄、婚姻、职业、财产、健康、有无受过刑事处罚等状况的证明材料，该证明材料还必须要经过其所在国公证机构或者公证人的公证，此外还要经过我国驻该国使领馆认证之后才能最终生效。领养人还应当与送养人订立相应的书面协议，并亲自向民政部门办理登记手续之后到指定的公证处办理收养公证，到此收养程序才最终完成。

2. 家庭寄养

家庭寄养指的是，孤儿在失去父母之后，其监护人改为民政部门或父母生前所在单位或孤儿住所地的村(居)民委员会的，监护人可以对那些有抚养能力或是抚养意愿的家庭进行评估，然后选择那些综合条件较好的家庭委托其进行监护或实行家庭寄养，并给予其一定的养育费用补贴。为奖励寄养家庭的行为，当地政府也会给予其相应的劳务补贴。

(二)儿童福利院服务

儿童福利院是一种福利性的事业单位，是由国家、集体举办的，为孤儿、残疾儿童和弃婴弃儿提供养护、康复、托管等服务的一种社会福利机构。儿童福利院是集中养育孤儿、弃婴的场所，是保障孤儿、弃婴生存权益的最后一道“安全网”。中央政府和地方政府的拨款是儿童福利院运行经费的主要来源，此外，集体集资、发行福利彩票和社会捐助也会为其提供一定的费用，相应的财政拨款会被列入当年的财政预算之中。

儿童福利院的工作方针是，养、治、教并举，保证儿童福利院能够为特殊儿童的生活提供基本的生活、教育和医疗保障。对于儿童福利院的儿童来说，其最先获得福利就是物质保障，这是保障儿童权益的基础和前提。儿童福利院要根据儿童的实际情况，根据《儿童社会福利机构基本规范》的相关规定，为儿童提供吃、穿、住、行等方面的基本生活保障。

通常，建立的儿童福利院都具有儿童残疾比例高、残疾种类多、营养康复和医疗需求大等方面的特点，这就可以保障特殊儿童的福利。为了保证这些儿童的成长需要，避免出现生存环境过差，养育指标过低、各地养育标准差距过大等情况，民政部经测算论证，规定将每人每月 1000 元作为儿童福利院儿童最低养育标准。这一费用除不包括儿童大病医疗救助费、寄养家庭劳务费，其余大多数的费用如伙食费、服装被褥费、日常用品费、教育费、医疗费和康复费等都被包含了。在这一费用中，所占比例最多的是伙食费用，并且根据儿童年龄段的不同，伙食费用也是不同的。例如，0—1 岁儿童每月伙食费是 511 元，1—3 岁是 386 元，3—6 岁是 417 元，6—14 岁是 505 元，14 岁以上是 631 元。[①]

并不是所有的特殊儿童都能够进入福利院，在入院之前主要对其进行为期 2～3 个月的观察期，在体检之后确定其自身没有携带感染病之后才能被允许进入福利院。我国法律规定，福利院中应该配备专门的医生、康复师等专业技术人员，其中国家一级福利院专业技术人员要占职工总数的 70%以上，国家二级福利院要占 65%以上。除此之外，儿童福利院还应当配备较为完善的医务室、康复室、抢救室等设施，全面保障特殊儿童在疾病医疗和康复方面的需求。

我国民政部和卫生部自 1995 年，开始联合在全国范围内构建残疾孤儿康复工程，全面减免特殊儿童的医疗费用，并且残疾儿童还可以参加各种形式的康复训练。此外，国家还专门开办了很多孤儿学校，针对孤儿的身心特点进行特殊教育。儿童福利院还配备有专业的教育人员，保证那里的儿童可以得到科学的教育，享受平等的受教育权，针对特殊儿童会进行特殊的教育或是会将其送到特教学校接受专业的教育。

（三）流浪未成年人福利

社会中的流浪未成年人是一个弱势群体。流浪的经历无论是对未成年的生理和心理都会造成巨大的伤害，因此做好流浪未成年人的保障工作就成为儿童社会福利的一项重要工作，这对预防未成年人犯罪具有重要的意义。为了保护流浪未成年人，我国制定了《城市生活无着的流浪乞讨人员救助管理办法实施细则》《城市生活无着的流浪乞讨人员救助管理办法》《救助管

① 民政部.民政部关于制定福利机构儿童最低养育标准的指导意见

理机构基本规范》《关于加强流浪未成年人工作的意见》和《流浪未成年人救助保护机构基本规范》等政策法规，以此来对流浪未成年人救助进行指导和规范。我国规定，公安机关和其他有关行政机关的工作人员如果在执行公务时发现有流浪未成年人，不能拒绝救助，而是应立即将其护送到救助站。受助人员有权利享受饮食、住宿、医疗、通信、接送返乡等方面的基本服务，并且还可以接受职业介绍、心理辅导、教育培训等方面的特殊服务。2003 年，国务院颁布了《城市生活无着的流浪乞讨人员救助管理办法》，其中第七条明确规定："救助站应当根据受助人员的需要提供下列救助：(一)提供符合食品卫生要求的食物；(二)提供符合基本条件的住处；(三)对在站内突发急病的，及时送医院救治；(四)帮助与其亲属或者所在单位联系；(五)对没有交通费返回其住所地或者所在单位的，提供乘车凭证。"

国家救助流浪未成年人的工作具有救助性、福利性和管理性。这是因为，对于流浪未成年人的救助并不仅仅是要满足其生存的需要，同时还要满足其发展和参与社会的需要。在流浪未成年人工作中，预防是前提，救助是基础，管理是手段，教育是重点，保护是根本。主要表现在三方面。

(1)各部门应通力合作，减少未成年人流浪情况的发生，做好未成年人流浪的预防工作，同时还要全面满足流浪未成年人的基本生活需求。

(2)要加强对未成年人的管理工作，处于流浪中的未成年人，由于带有一些不良的生活习惯，因此可能会有一些轻微的违法行为，要对他们的这种行为及时进行校正，防止其犯罪情况的发生。

(3)要加强对流浪未成年人的教育工作，积极引导其回归正常的社会生活中。由于流浪未成年人正处于身心发育成长时期，因此无论是在行为还是在思想上都具有很强的可塑性，因此要积极对其进行心理疏导和调适，对其进行思想教育和正面引导，争取回归社会。应当明确的是，无论是政府还是社会，对于流浪未成年人所进行的救助只是暂时性的措施，因此必须要对其进行正确的引导，最终成为能够自食其力的劳动者。

（四）SOS 儿童村

国际 SOS 儿童村组织是一个国际性的民间慈善组织，在全球都有着广泛的影响。世界上第一所儿童村是奥地利著名医学博士、科学院名誉院士赫尔曼·格迈纳尔先生，在 1949 年奥地利的茵姆斯特建立的。1984 年 11 月，我国天津和烟台在赫尔曼·格迈纳尔先生的诚挚帮助下，分别成立了 SOS 儿童村，这为我国 SOS 儿童村事业的发展奠定了坚实的基础。我国的 SOS 儿童村是救助社会孤儿的社会福利事业单位，是由国家民政部门来进行主管的，其服务对象主要是健全的孤儿，通过家庭式的抚养来对儿童的生活进行照料。

截至目前，我国在全国各地已经建立起了多所 SOS 儿童村，分别位于北京、天津、烟台、齐齐哈尔、南昌、开封、成都、莆田、乌鲁木齐、拉萨等城市。除此之外，我国还在烟台和齐齐哈尔建立了两所学校，他们都是以赫尔曼·格迈纳尔的名字来命名的。在 SOS 儿童村中，那些没有亲生父母照顾的孤儿在这里重新获得了家庭和亲人所给予的温暖。每个儿童村一般都是由 12～18 个家庭所组成的，而每一个家庭里面都会有一位母亲的角色，7～8 名孤儿成为兄弟姐妹，共同组成了一个新的家庭。他们可以像正常家庭的儿童一样，充分享受医疗保健、义务教育、职业培训、就业、人身安全等权利。

除去对幼小儿童的照顾外，在儿童村中还设立了青年公寓，其居住的主要人群是 14 岁以上的青年，他们集体生活在一起，有专门的辅导老师和管理人员分别对他们的学习和生活进行管理和照料。在儿童村中都设置了幼儿园等基本设施，这些幼儿园并不是只接收儿童村的孩子，而是周围正常家庭的孩子都可以入园，这样就为儿童村的孩子与社会上的孩子的正常接触提供了便利，有利于孩子健康的成长，能够尽早地了解和接触社会。SOS儿童村正在朝着平等、团结、友爱、互助的新型人际关系努力建设中，其已经成为社会福利事业独特的慈善机构，是各地精神文明建设的窗口。

第三节　我国儿童社会福利事业的成就与主要问题

一、我国儿童社会福利事业的成就

（一）法律制度不断完善

我国在新中国成立之初就对儿童社会权利的保护和法规制度的建设极为重视。国家先后制定了《宪法》《刑法》《民法通则》《婚姻法》《教育法》《义务教育法》《残疾人保障法》《未成年人保护法》《预防未成年人犯罪法》《妇女权益保障法》《母婴保健法》《传染病防治法》《收养法》和《人口与计划生育法》等一系列有关妇女、儿童生存、保护的法律法规和政策措施，形成了较为完备的保护儿童权益的法律体系。1992年中国成为《联合国儿童权利公约》的第110个批准国。围绕《巴厘共识》确定的母亲安全、营养、艾滋病防治、儿童保护和教育五个重点领域，2003年以来，国家对相关法律进行了修订，如重新修订了《宪法》《传染病防治法》《妇女权益保障法》《未成年人保护法》《义务教育法》和《残疾人保障法》。

为确保《巴厘共识》促进儿童生存、受保护、发展和参与的各项目标落到实处，国家还新出台了一系列有利于儿童发展的法规和政策性文件，包括《城市生活无着的流浪乞讨人员救助管理办法》《法律援助条例》《婚姻登记条例》《国务院办公厅关于切实加强中小学、幼儿园及少年儿童的安全管理工作和开展专项整治行动的意见》《儿童疾病综合管理实施行动计划(2003—2005年)》《2003—2010年全国保持无脊髓灰质炎状态行动计划》《关于进一步加强扶助贫困残疾人工作的意见》《关于继续推进兴边富民行动的意见》《关于开展网吧等互联网上网服务营业场所专项整治工作的实施意见》《儿童玩具强制性国家标准》《国家玩具技术规范》《关于加强对生活困难的艾滋病患者、患者家属和患者遗孤救助工作的通知》。国家制定并实行这些法律政策,为儿童的发展提供了强有力的政策保障,有利于实现儿童的全面健康成长。

(二)儿童生活保障福利的发展

针对儿童的生活方面,国家不断加大对贫困儿童的生活救助。在城市中,城市散居的孤儿、贫困儿童大多也被安排在《城市居民最低生活保障条例》保障的范围内。农村中的很多孤儿都被指定为农村特困户救助对象,占农村孤儿总数的比重较大。除此之外,国家还制定了孤儿养育最低标准。2009年2月和6月,民政部先后下发了《关于制定社会散居孤儿最低养育标准的通知》和《关于制定福利机构儿童最低养育标准的指导意见》两个重要文件,确定全国统一的社会散居孤儿最低养育标准为每人每月600元;针对福利机构儿童残疾比例高、残疾种类多、营养康复和医疗需求大的特点,建议福利机构儿童最低养育标准为每人每月1000元。

(三)儿童教育福利的发展

针对儿童的教育福利,国家在义务教育的基础上又加入了“两免一补”的政策,保证义务教育入学率的持续提高。近几年,我国小学的入学率已经提高到了98.8%,初中入学率达到了98.8%,而初中毕业生的升学率也已经达到了67.7%,与以往年份相比,有了显著的提高。同时,国家还加大了对贫困儿童、留守儿童和残疾儿童教育的扶持力度。

（四）儿童保护福利的发展

为了保护儿童不受到伤害，我国公安部门在全国范围内开展了打击拐卖妇女儿童的专项行动。与此同时，还不断加大对弃婴的救助力度，近年来我国所设立的儿童福利结构中所救助的6.6万名孤残儿童中，绝大多数都是弃婴。另外，加强对流浪儿童保护。根据2013年民政职业发展统计报告中的一项数据显示，当年我国民政部所救助的城市流浪未成年人已经达到了15.9万余人次。这些数据都表明，我国的儿童社会福利事业已经取得了重大的成果。

（五）儿童健康福利的发展

为了提高儿童的健康状况，国家极为注重对儿童卫生服务的发展，这为促进我国儿童的健康成长起到了重要的作用。1986年，卫生部发布了《城乡儿童保健工作要求》《婴幼儿佝偻病防治方案》《小儿营养性缺铁性贫血防治方案》《小儿肺炎防治方案》《婴幼儿腹泻防治方案》。1989年和1990年，卫生部分别发布《卫生部关于加强儿童保健工作的通知》及《卫生部关于进一步加强儿童保健工作的通知》。1992年，我国参照世界儿童问题首脑会议提出的全球目标和《联合国儿童权利公约》，从中国国情出发，发布了《九十年代中国儿童发展规划纲要》，确定了到20世纪末儿童发展的主要目标和任务。经过近10年的努力，我国实施规划纲要取得显著成就，儿童发展的24项全球目标有21项都已经顺利实现，儿童发展的条件和环境得到了很大的提高，儿童的生存、发展、受保护和参与权利得到了有效保障，整体素质有了进一步提高，其中婴儿死亡率、5岁以下儿童死亡率分别从20世纪90年代初的51‰和61‰下降到2000年的32.2‰和39.7‰；5岁以下儿童低体重患病率从1990年的

21%下降到2000年的10%;儿童计划免疫接种率以县为单位达到了90%,实现了无脊髓灰质炎的目标。

当前,《中国儿童发展纲要(2001—2010年)》正在实施中,其目标是要将婴儿和5岁以下儿童死亡率以2000年为基数分别下降1/5,新生儿破伤风发病率以县为单位降低到1%以下,5岁以下儿童中、重度营养不良患病率以2000年为基数下降1/4,儿童保健覆盖率在城市达到90%以上,在农村达到60%以上,逐步提高女童及流动人口中儿童保健覆盖率等。

(六)儿童福利出现了社会化

随着我国市场经济的不断发展和完善,原有的福利体制已经不能再适应当今社会的发展,所暴露出来的问题也越来越多。例如,单位制限制了单位作为一个独立的社会实体在经济社会发展中发挥应有的作用,不仅降低了工作效率,同时还增加了国家的负担。在我国正实行改革开放的大计之时,西方国家的内部正在进行着对国内福利的改革,很多的国家政府都开始大幅度的削减本国的福利开支和福利项目,这对当时我国社会福利事业的改革产生了很大的影响。20世纪80年代初期,我国社会福利事业有了初步的发展。到了1999年,国务院办公厅转发的《民政部、卫生部等部门关于加快实现社会福利社会化的意见的通知》,对我国社会福利事业的发展起到了重要的推动作用。

正是在这样的背景下,我国儿童社会福利逐渐走向了社会化的道路。我国儿童福利事业的社会化并不是弱化政府的责任,而是政府作为主渠道增加收入,重点突出了管理和协调的功能;此外,还要不断吸引更多的社会团体、慈善机构和个人不断加入到关注儿童社会福利事业中来,以便为儿童社会福利事业的发展提供更多的资金。通过政府的正确指引和规划,推动儿童福利机构在竞争中实现自主经营、自负盈亏、自我约束、自我发展,推动我国儿童福利事业不断走向成熟。

在2001年,我国民政部颁布了《儿童社会福利机构基本规范》，这在很大程度上提高了我国福利机构的社会化程度，使得福利的经费来源更加多元化。在 2007 年，民政部还启动了“儿童福利机构建设蓝天计划”，其中明确了民政部将会在每一年都从部本级福利金中专门拿出 2 亿元投入儿童福利事业的建设中。除此之外，要鼓励地方福利金、财政投入、社会力量等各种形式的捐赠，为儿童福利事业的发展提供筹集到更多的资金。对于地级以上的城市，可以兴建新的儿童福利机构，或是对原有的机构进行重建、改建，以便能够为儿童提供更好的养育、医疗、康复、特殊教育、心理辅导、职业培训和社区支持等服务，起到一定的带头作用。

二、我国儿童社会福利事业发展中存在的问题

（一）儿童福利的制度安排缺乏统一性

在我国，有关儿童社会福利工作的机构和组织很多，如国务院儿童少年工作协调委员会、民政、财政、发展改革、卫生、教育、劳动保障、司法、建设等政府行政管理部门，以及共青团、妇联、残联等群众团体。由于相关的部门过多，并且这些部门还制定了各自进行儿童福利工作的目标，因此在制度的制定、理解、管理、执行等方面就无法构成集中性。由于缺乏协调和整合机制，出现重复和缺失并存的状况，降低了政策的执行效率。

（二）儿童社会福利的实行缺乏法律的规范

当前我国对于儿童社会福利的法律法规已经制定了一部分，但是与其他国家所制定的相关法律相比，仍是显得不够完善。例如，在针对未成年人救助保护方面，我国现有的法律、法规有《中华人民共和国未成年人保护法》《中华人民共和国预防未成年人犯罪法》及《城市生活无着人员救助管理办法》《城市生

活无着人员救助管理实施细则》等,虽然其中对未成年人的救助保护有相关的规定,但是却只是对未成年人的救助保护进行了原则性的规定,没有实际的可操作性,并且也缺少对流浪儿童的救助规定。我国所设置的各种救助站,由于受到这些规定的限制,因此在对儿童救助工作实行的过程中就会遭遇一定的阻碍和困难。由于流浪儿童有其自身的特点,因此在以后针对流浪儿童的救助保护工作中,要针对他们的特点,要做好流浪儿童的监护权、救助保护期限和站内管理、教育、医疗、安置以及追究第一监护人法律责任等方面的工作。

(三)儿童社会福利水平较低

随着人民生活水平的不断提高,无论是人们的精神还是物质世界都不断丰富,这也就对儿童社会福利所提供的服务提出了更高的要求。对于生活在福利院的残疾儿童来说,他们也希望像所有的同龄人那样,可以接收到正规的教育和职业技能培训;希望能够更加快速地融入社会之中,恢复正常的社会生活,获得社会的认可;希望有专业的机构或是专家可以为他们提供专业性的健康指导和咨询服务。虽然我国儿童福利事业已经进行了很多年,但是大部门地区所提供的儿童福利水平只是能够保证儿童生理方面的成长,却无法满足他们在精神方面的需求,这也是我们在以后儿童福利事业的建设中着重要解决的问题。

(四)对儿童专业服务缺乏清晰认识

我国儿童社会福利建设中还存在一个重要的问题,就是在为儿童提供服务的过程中,对儿童专业服务缺乏清晰的认识,主要表现在两方面。第一,没有建立起对儿童的全方位服务观,只是对儿童自身提供最为直接的服务,不能对儿童的处境做出整体的评价,缺少对儿童发展性的服务。第二,对儿童服务的专业化合作以及综合服务意识较为匮乏,通常都只是提供的单一性的服务，或是只是将不同专业的人员简单组合在一起，然后再为儿童提供单项服务，没有进行有机的组合，缺少专业的沟通和服务。

（五）政府对儿童社会福利投入多，社会参与少

在我国儿童社会福利事业的发展中，运行的主体是政府，其需要承担多项任务，如资金的筹集和机构的运作等，而广大的社会机构和社会力量则参与很少。我国在进行改革开放之后，虽然已经在儿童社会福利方面开拓了多个筹资渠道，但是出资的主体仍然是政府，这就对政府的财政造成了沉重的负担。据不完全统计，我国的妇女儿童福利费用的85%以上都是由政府财政直接拨款。这种筹资渠道只能是暂时的，长此以往必将使政府无力承担，甚至会造成儿童社会福利事业的瘫痪，这与当前我国市场经济的发展状况也是极为不适应的。因此，在未来儿童社会福利事业的发展中，必须要拓宽经费的筹资渠道，吸引社会的关注，鼓励其加大对儿童福利事业的支持力度。

（六）城乡二元结构制约了儿童福利制度的发展

由于我国的社会和经济体系不完善，因此在我国出现了二元结构的社会管理体制，使得城市和乡村之间无论是在生活环境还是在公共权力空间等方面都出现了巨大的差异，进而就导致城市和乡村儿童社会福利事业的发展也出现了二元机构，这对乡村的儿童来说是极为不公平的。城乡儿童在社会福利享有中出现的严重不公和巨大差异，使得人们开始从制度上人为地对儿童进行出身差别界定，这不利于实现儿童享有社会福利的平等性。因此，这种二元儿童福利制度对我国儿童福利事业的进一步发展带来了很大影响，因此在未来的工作中应予以克服。

第四节　我国儿童社会福利的改革与发展对策

一、不断完善儿童福利政策与法律体系

从国外发达国家较为完善的儿童福利体系中可以看出，儿童福利应该涉及儿童成长发展的各个阶段，应该包括社会环境、家庭福利、公共服务、儿童发展福利等多方面的内容。从这个角度出发，我国儿童福利体系的完善应该从以下几方面进行。

（一）完善现有的法律框架

针对儿童福利，国家已经颁布了很多相关的法律法规，如《中华人民共和国未成年人保护法》《中华人民共和国收养法》等，来专门对儿童福利事业进行规范，但是这些法律都具有一定的片面性，因此不能被有效的执行。此外，同发达国家相比，我国儿童社会福利的相关法律体系还存在一些漏洞，在关于儿童福利的相关法律中，没有指定专门的《儿童福利法》，因此在以后相关法律的制定中，应该予以完善，明确儿童福利的发展、内涵、资金来源、管理等多方面的内容。

（1）对于立法部门来说，要通过多方面的调查研究，明确当前儿童福利发展的需要，然后再有针对性地对儿童福利的法律制度进行完善，确保能够涉及儿童各个阶段的发展需求。

（2）对于各地的地方政府来说，应该进行实地观察，了解当地儿童福利发展的实际情况，然后再有针对性地制定适合本地儿童成长的福利政策，以确保所制定的政策切实可行。

（3）对于儿童福利机构来说，应该制定具体的考核指标，将儿童福利建设所涉及的相关数据进行量化，从而便于对当前的儿童福利工作进行评价，并在以后的工作中不断进行完善。

(二)建立并完善公共服务设施

当前在我国国内,专门针对儿童建立的公共服务设施还不够完善,为了保证儿童在成长过程中可以享受到健康、绿色的外在环境,因此国家应大力建设一些儿童图书馆、儿童公园等公共服务设施,满足儿童的成长需求。此外,国家还应加大对公共设施的建设投入,满足儿童成长的娱乐需求。

(三)建立家庭服务体系

在儿童成长的过程中,家庭是其中不可缺少的一个重要环节,因此必须要确保家庭功能的发挥。要建立家庭服务体系,确保部分儿童在遭受家庭破裂或是意外事件之后,还可以享受到类似家庭的机构所提供的服务。例如,国家所建设的儿童福利院、寄养中心、特殊学校等机构为儿童提供的服务。除此之外,国家还可以针对父母对儿童的教育进行专门的培训或是指导,以此来增强父母的家庭责任感,充分履行其教养儿童的义务。

(四)完善我国的教育制度

我国法律中有明文规定,国家需要对儿童进行九年义务教育,这既是儿童的一项权利,同时也是儿童的一项义务。该规定对完善我国的教育制度起到了重要的作用。在新中国成立之后,党和国家就对国民的教育问题极为关注,并且投入了大量的人力、物力、财力来辅助我国教育事业的发展。在我国制定了九年义务教育的政策之后,儿童接受教育的情况更是得到了普及,很多偏远地区的儿童也可以享受到免费接受教育的权利。

二、健全儿童福利管理体制

当前我国儿童福利事业管理制度不健全也是阻碍我国儿童

福利事业发展的一个重要问题，应该从上到下，从中央到地方都充分发挥其自身的管理职能，确保儿童福利事业的快速发展。

(1)对于国家层面来说，应该加快《儿童福利法》的制定与出台，从法律的角度来对儿童福利事业提供保障，确定儿童福利事业的重要地位。在制定法律的过程中，不仅要确保全面提供的健康成长，还要对那些困境儿童、残疾儿童、重病儿童等进行专门的规定，确保法律的平等性。

(2)从管理部门的层级来看，中央层级应该对我国儿童福利事业的建设方向进行确定，同时还要制定出相关的宏观政策；省级和各地方的儿童福利管理部门，应该对中央所下达的政策积极进行宣传，对下级的儿童福利工作进行监督与引导；而对于各地的儿童福利机构来说，则要严格按照国家相关政策的规定来展开具体的儿童福利工作。

(3)我国的民政部门在儿童福利事业中的主要任务是，出台相应的儿童福利管理办法，要从儿童福利制度的各个方面进行规定，确保没有遗漏的地方。对于各地方的管理部门来说，要结合当地儿童福利事业发展的实际情况，对上面下达的规定还要再予以细化，从而使得所制定出的儿童福利政策能够符合当地的实际情况，具有良好的可操作性。

三、完善服务支持体系

在对我国的儿童福利事业进行完善的过程中，还要注重对服务支持体系的完善，不断扩大服务对象的范围，提高服务质量。对于儿童福利政策来说，不仅要保证普通儿童的各项权利，同时还要保障特殊儿童的权利，以此来体现儿童福利的普适性和公平性。

(一)建立必要的宣传机制

由于儿童还处于生长发育期，因此无论是身体还是心智都还未成熟，这就决定了儿童不能对自身的意愿直接表达。因此，国家应该对国内儿童的生存现状进行全面的实地考察，在得出结论之后再有针对性地制定相关的法律政策，以此保证所制定的法律政策具有较强的可操作性。除此之外，国家还应该通过报纸、网络、媒体等传播渠道，在全面范围内大力宣传尊重儿童与保护儿童的观念，从源头上保证儿童的权利不受侵犯。

（二）建立家庭支持体系

当前我国儿童福利体系的实施中存在一个较大的弊端，那就是儿童福利服务中，家庭环境的作用没有引起足够的重视，主要是由政府来作为主体进行指导和实施的。因此，在对儿童服务支持体系进行完善的过程中，要充分发挥出家庭环境的作用。儿童在成长过程中，需要一个和谐的家庭成长环境，因此应该大力宣传“和谐家庭”的理念，在儿童成长的家庭中塑造出一种友好和谐的家庭氛围。对于社区来说，应该充分发挥其教育协调功能，及时对社区内的家庭关系进行沟通和协调，引导父母要履行好自己的责任，维护孩子的健康成长。

四、加大儿童福利资金投入

当前，制约我国儿童福利事业进一步发展的一个重要原因就是，缺少运营资金。因此，政府就应该大力加大对儿童福利事业发展的支持力度，增加资金投入。同时还要调动起社会上其他组织的力量，为儿童福利事业的发展筹集更多的资金，扩宽运营资金的渠道来源，保证资金的充足。

（一）确保儿童福利费用的专项化

应当明确的是，儿童福利事业是社会公共事业的一项重要组成部分，因此在其发展的过程中，政府应该不断增加资金投入，以保证儿童福利事业的持续运营。此外，对儿童福利事业所投入的资金，应该逐渐提高使用的专项化，逐步建立起专款专用的资金使用制度。中央和各地方政府在儿童福利的资金投入中还要制定专门的规范制度，以此确保儿童福利资金可以有稳定的资金来源。

（二）扩宽资金渠道

我国儿童福利事业中，资金来源较为单一，其中政府是最为主要的资金来源，长此以往，就会对国家的财政造成负担，甚至还会使儿童福利资金出现短缺的情况。在这种情况下，国家就应该对儿童福利资金的渠道来源积极进行拓展，充分发挥出社会中其他企业或是团体的力量，加快对儿童福利配套设施建设的支持。除此之外，对于一些具有营利性质的儿童服务机构，国家还可以考虑让社会资金进行参与，提高公众参与儿童社会福利事业建设的积极性。

五、建立儿童福利综合评价体系

由于儿童福利事业的发展关系到祖国未来的人才建设需求，因此必要注重儿童社会福利事业的发展质量。对此，国家应构建儿童福利综合评价体系，对当前所实施的儿童福利进行评价，同时还可以制定出相应的测算方法，以此促使我国儿童福利事业不断走向完善。

（一）建立多级监测体系

对全国范围内儿童社会福利的制定与实施，从中央到地方，层层各级都应该建立起完善的监督体系，以保证儿童福利措施可以得到全面的实施。此外，还应针对各地不同区域儿童生活的具体环境进行考察，以便能够对其进行有针对性的救助。这些制度的实施需要多个不同部门的共同协作，因此各个部门应加强联系，提高工作效率，共同为我国儿童福利事业的发展做出应有的贡献。

（二）建立评估体系

在儿童福利事业发展的过程中，还应建立起完善的评估体系，以及时对现有的儿童福利制度做出评价，及时总结经验教训。对于成功的经验及时进行借鉴，以提高我国儿童福利事业发展的总体水平；对于不完善或是不恰当的制度措施，应及时进行修正，以保证我国儿童福利事业的全面发展。同时，各部门还应做好相关的沟通、交流工作，认真分析儿童社会福利发展的现状，预计未来我国儿童社会福利事业的发展趋势，以便提前做好相应的应对措施。

（三）其他保证体系

在儿童福利综合评价体系的建设中，除去上述中所提及的检测体系和评估体系外，还应该做好后续的反馈工作和其他的一些后续工作，以保证儿童社会福利制度的顺利实施，实现我国儿童的健康成长与发展。

第六章　我国残疾人社会福利的发展与改革

在激烈的社会竞争中，残疾人作为弱势群体，需要通过社会福利服务等合理的制度安排，来保障他们的人格尊严与合法权益，有效化解他们面临的困境。在构建社会主义和谐社会的进程中，必须大力发展社会福利服务，依法保障残疾人的生存权与社会发展权，促进残疾人全面融入社会生活，努力提升残疾人的幸福指数，以实现全社会的科学发展与和谐发展。

第一节　残疾人与残疾人社会福利

残疾人作为人类社会中的特殊利益群体，由于先天或后天的原因，导致其生理残疾或心理残疾，生存和发展受到影响。残疾人社会福利是对残疾人权益的保障。

一、残疾人及残疾人福利的含义

（一）残疾人的概念

《中华人民共和国残疾人保障法》规定，"残疾人是指在心理、生理、人体结构上，某种组织、功能丧失或者不正常，全部或者部分丧失以正常方式从事某种活动能力的人"。这是依据联合国《残疾人权利公约》对残疾人的界定所作出的一个科学的定义。它突破了过去单纯从肢体上去定义的局限，从身体功能障碍及精神、心理、智力等方面的残疾，全面揭示了残疾人的基本属性。

残疾人的类别主要包括听力残疾、视力残疾、肢体残疾、言语残疾、智力残疾、精神残疾、多重残疾等七种。

(二)残疾人福利

残疾人福利是指国家在残疾公民年老、疾病、缺乏劳动能力及退休、失业、失学等情况下给予其基本的物质保障,并根据社会经济文化发展水平,给予残疾人相应的康复、医疗、教育、劳动就业、文化生活、社会环境等方面的权益保障,以维护社会稳定,实现残疾人“平等、参与、共享”的目标。它包括为保障残疾人在年老、生病、失业、失学等情况下,能够从国家和社会中得到帮助而建立起来的援助制度,如残疾人社会救助,残疾人养老保险、失业保险和医疗保险等。同时,也包括国家和社会团体等兴办的各种社会福利事业、福利设施和福利服务,如残疾预防、残疾人康复、残疾人教育、残疾人就业以及残疾人文化娱乐等。[①]

二、残疾人社会福利理念

不同时期,人们对残疾人社会福利的实施有不同的价值理念。具体来说,关于实施残疾人社会福利的价值理念主要有以下三种。

(一)供养理论

对残疾人,尤其是丧失劳动能力的残疾人,社会特别是其家人认为采用供养的方式能够更多地显示出责任和爱。但这种方式在满足残疾人物质需要的同时,往往会忽略其精神的需要,而且有些残疾人因为被供养,会更加缺乏自信心和自尊心。所以,

① 潘锦棠.社会保障学概论[M].北京:北京师范大学出版社,2012,第221页

供养理论还存在着一些不足之处,如对残疾人的精神需求和能力估计不足等。供养理论是对早期残疾人社会福利影响较大的一种理念。

(二)回归社会论

回归社会论是为解决残疾人封闭供养和照顾所产生的问题而提出的。

美国社会学家戈夫曼 20 世纪 50 年代在研究精神病患者的庇护时提出,由于庇护所中精神病患者之间的长期的共同生活、彼此刺激性的互动以及管理人员、医护人员对精神病患者的消极的态度反而会加重精神病患者的情况。这主要是因为将精神病患者封闭起来的结果。在戈夫曼看来,不应将精神病患者封闭地供养起来,而应让其走出封闭状态,回归社会。

受回归社会理念的影响,残疾人社会福利进入了一个新的发展阶段。其中影响最深远的是英国的社区照顾,这一模式随后推广到欧美其他发达国家,因而社区照顾逐渐成为使残疾人、老人等福利服务对象回归社会的典型模式。

回归社会理论不仅改变了传统残疾人社会福利的内容,并且发展了一种新的残疾人社会福利工作方法,即社区康复。社区康复作为现代残疾人社会福利的一项重要内容和工作方法,就是在社区照顾的基础上发展起来的。可见,回归社会理论对残疾人社会福利的发展影响深远。

(三)增能理论

增能理论以发展残疾人潜能为出发点,通过借助一定的方式、方法恢复残疾人机体的、社会的功能,使他们重拾生活信心,过上正常的社会生活,使自身的基本价值得到实现。对残疾人增能的方式是多种多样的,如康复、职业教育或改善他们的生活环境等。残疾人康复就是一个重要方法。残疾人康复要求残疾人身体功能及社会功能的共同恢复。残疾人职业康复主要通过帮助残疾人就业来恢复、发展他们的社会功能。通过就业，残疾人既能提高自身的经济地位和收入，增强效能感和自信心，更好地融入社会生活，也能使原已失去的某些器官的能力得到一定程度的恢复。因此，职业康复在帮助残疾人康复和发展方面是一种优良方法。

在上述三种关于残疾人社会福利的理念中，第一种即供养理论是个体型残疾的理论，它强调残疾人的个人责任及家庭对其的责任，虽然社会承担其供养责任，但这只是一种消极意义上的帮助，这一理念往往忽视了引起残疾的社会环境的原因以及人的潜能的发展。后两种理念即回归社会论和增能理论是社会型残疾的理论，它注重残疾的社会责任，即认为某个人的残疾是由于社会原因导致的。社会在结构上、制度上存在问题使得某些个人受损，因此，社会应为残疾人的康复、发展承担责任。

总体来看，"康复重于救助""机会均等与全面参与"是现代残疾人社会福利的发展趋势。在尊重残疾人的人格及确认其有获得和参与正常社会生活的权利的理念下，许多国家的残疾人社会福利逐渐减少了救助意义上的救济金的发放，而扩大了对残疾人维持有尊严的生活内容的广泛援助。特别是 20 世纪 80 年代以来，"平等、参与、共享"成为残疾人社会福利被普遍认可的理念。

三、中国残疾人社会福利发展历程

真正意义上的中国残疾人社会福利的出现应该是在中华人民共和国成立以后，在社会经济的逐步发展的基础上建立起来的。中华人民共和国成立后，政府开始成立残疾人组织，着手发展残疾人社会福利事业，以改善残疾人生活。残疾人社会福利事业大致经历了初创、停顿和再创三个阶段。

初创阶段(1949—1965 年)：在 20 世纪 50 年代(特别是

1957年以前),我国经济建设逐步恢复,农业、工业等产值增加,人民群众的生活水平得到提高,残疾人的生活状况也有明显好转,一些残疾人因得到收养救济,不再流离失所、饥寒困顿。

各种福利机构、福利工厂增多,如1958年约有470个福利工厂,被安置残疾人4000人左右;被各种养老院、荣军疗养院、福利院收养的荣誉老人、军人、残疾人约36万人;盲聋哑学校270所左右,在校生2万人;1960年"中国盲人福利会""中国聋哑人福利会"合并,称为"中国盲人聋哑人协会"。协会虽只服务于盲人聋哑人,但却指引了我国残疾人事业的发展方向,奠定了我国残疾人事业发展的良好基础。不过此时的残疾人福利事业还存在一定的局限性,如主要以收养救济为主,人道主义、平等参与、回归社会主流等理念还未渗透进残疾人社会福利事业中。

停顿阶段(1966—1976年):20世纪50年代后期,由于社会环境因素,残疾人工作停滞。当时,唯一的残疾人组织——中国盲人聋哑人协会的活动也跌入低谷;一些残疾人生产自救组织撤销;盲聋哑学校被迫收缩或停办。这是我国残疾人事业的低潮时期。

再创阶段(1977年至今):1978年党的十一届三中全会在我国经济发展中具有重要意义,在残疾人事业发展中也尤为重要。这个阶段中,中国残疾人事业开始由收养救济型转向劳动福利型,残疾人也由被收养救济走向全面参与社会生活。

1978年以后,中国经济文化建设进入新时期。残疾人福利事业的发展也呈现了新面貌:1978年,中国盲人聋哑人协会恢复活动;1984年中国残疾人福利基金会成立;1986年联合国"残疾人十年"(1983—1992年)中国组织委员会成立;1988年中国残疾人联合会成立,随后,各省、市、区县陆续建立了残联组织,形成了统一的残疾人组织体系;1993年残疾人工作协调委员会成立,2006年更名为国务院残疾人工作委员会,地方各级政府也成立了相应机构,在方针、政策、法规、规划等重大问题上加强领导与协调,初步形成了残疾人工作的组织管理体系。

1982年《中华人民共和国宪法》首次规定“国家和社会帮助安排盲、聋、哑和其他有残疾的公民的劳动、生活和教育”。1988年《中国残疾人事业五年工作纲要》颁布实施。1990年《中华人民共和国残疾人保障法》审议通过。1991年《中国残疾人事业“八五”计划纲要》及其16个实施方案开始施行，1994年《残疾人教育条例》颁布，2007年《残疾人就业条例》颁布，2008年《残疾人保障法》修订。目前，《残疾人保障法》等对残疾人权益进行保障的法律已达50多部、《残疾人教育条例》等涉及残疾人权益的专门性法规100余部以及大量地方法规，中国残疾人福利政策法律体系初步形成。

第二节　我国残疾人社会福利的内容

我国残疾人社会福利服务的主要内容包括：康复福利服务、教育福利服务、就业福利服务和环境福利服务等方面。

一、残疾人康复和残疾预防

康复是帮助残疾人恢复或补偿功能、提高生存质量、增强社会参与能力的重要途径。肢体残疾康复、视力残疾康复、听力残疾康复、智力残疾康复、精神残疾康复是残疾人康复服务的主要内容。肢体残疾康复是对偏瘫病人开展以运动功能和日常生活活动为主的康复训练，指导训练器具的使用。对脑瘫病人开展“运动功能、姿势矫正、语言训练、日常活动”四个方面的康复训练。智力残疾康复是对智力残疾人士开展“运动、感知、认知、语言交往、生活自理和社会适应”六个方面的康复训练。听力语言残疾康复是指导听语障碍者或聋儿家长开展听力语言训练、耳聋预防等。视力残疾康复是指导视力残障者开展视功能训练和盲人定向行走训练，做好低视力配镜后随访工作及转介服务等。

精神残疾康复是利用多种形式对精神病患者进行精神卫生知识宣传教育，督促指导药物治疗、用药安全监测，开展生活技能、社会适应等方面的康复服务。

残疾人康复是残疾人在专业人员的指导和有关工作人员、志愿工作者及亲属的帮助下，进行功能、自理能力和劳动技能的训练。残疾人康复工作按照政府主导，社会广泛参与的原则，要求注重运用现代康复技术，依托残疾人家庭，对残疾人进行实用的康复训练，优先开展残疾儿童抢救性治疗和康复。

要广泛动员城乡社区服务组织、残疾人组织、残疾人家庭和其他社会力量，开展社区康复工作。同时，加强对从事康复工作的人员进行技术培训，普及康复知识，传授康复方法。

康复是残疾人就学、就业、全面参与社会生活的前提。国家十分重视残疾人康复工作，《中国残疾人事业“十二五”发展纲要》指出，要进一步完善康复服务网络及残疾人保障机制，注重康复专业人才培养，为实现残疾人“人人享有康复服务”目标而努力；将全面开展社区康复服务提上日程；通过重点康复工程等项目的实施，尽快使1300万残疾人得到不同程度的康复；发展辅助器具适配体系，落实500万件各类辅助器具供应工作，为有需求的残疾人普遍适配基本型辅助器具。

另外，要做好残疾预防工作。建立健全残疾预防体系，加强省、市、县三级专业康复机构的规范化建设，开展0—6岁残疾儿童免费抢救性康复项目，构建残疾儿童抢救性康复救助制度等。

二、残疾人文化教育

接受教育是残疾人提高自身文化素质，形成参与社会的能力的基础。《中华人民共和国残疾人保障法》规定：“国家保障残疾人享有平等接受教育的权利。”要充分结合残疾人的身心特点和发展阶段，在进行思想教育、文化教育的同时，加强身心补偿和职业教育；采取普通教育方式和特殊教育方式相结合，建立适合各个年龄段的残疾人教育体系。教育部等部门《特殊教育提升计划(2014—2016年)》中指出，要切实保障残疾人受教育权利，计划至2016年，全国基本普及残疾儿童少年义务教育，视力、听力、智力残疾儿童少年义务教育入学率达到90%以上。扩大残疾儿童少年义务教育规模。

普通幼儿园要为残疾儿童入园创造条件。普通高中和中等职业学校要积极开设残疾人高中部，扩大残疾人招生规模，有条件的可扩建基础设施，扩大残疾人招生规模。中等职业学校要注重专业结构的调整，以适应社会需要和残疾人的发展特点。高等教育阶段中，要设置特殊教育学院或相关专业，以满足残疾人接受高等教育的需求。高等学校在招收条件上不得对残疾人存在歧视，不能因其残疾而拒绝招收，而要为残疾人接受成人高等学历教育提供便利。加强对残疾学生的职业培训，提高就业能力。

三、残疾人劳动就业

就业是民生之本，对残疾人来讲，就业是安身立命之本，也是一种最为综合性的福利。它不仅可以提供生活收入，还可以实际参与社会生活，对提高生活质量有着重要意义，是实现其人生价值的主要途径。残疾人劳动就业是指在法定劳动年龄内，有劳动能力的残疾人，依法参与劳动并取得报酬或收入。目前，城市残疾人就业的渠道主要有三个：一是在福利企业中集中就业；二是在机关、企事业单位、团体、城乡经济组织中按比例就业；三是因地制宜、因人而异、机动灵活地自愿组织起来就业、个体就业及社区就业。在农村，残疾人可根据自身条件，在种植业、养殖业或家庭手工业等生产劳动中，实现就业。残疾人就业的方针是，分散与集中相结合，争取优惠和扶持保护措施，通过多层次、多渠道、多种形式，使残疾人劳动就业逐步普及、稳定、合理。推进残疾人就业促进和保护政策措施，扩大残疾人就业领域和就业人数，保证残疾人就业质量，鼓励残疾人创业。完善残疾人就业服务体系，使有就业需求的各类残疾人普遍获得就业服务。

在市场经济条件下，由于残疾人这一最困难的弱势群体在起点上就处于事实上不平等的地位，国家有责任提供特别的扶持与保护，把竞争就业与保护就业相补充和配套，以体现社会公平。经过多方面努力，残疾人就业率逐步提高。解决残疾人就业的关键在于依法全面推行残疾人按比例就业。按比例就业以市为基本实施单位，省、自治区、直辖市人民政府可根据实际情况规定具体比例。未达到比例的，按财政部发布的《残疾人就业保障金管理暂行规定》缴纳残疾人就业保障金。其额度按照年度差额人数和上年度本地区职工平均工资计算缴纳，以用于残疾人就业的专项资金。加大行政执法和监督检查力度，推动按比例就业的健康发展。要避免只收费而不安置残疾人就业等情况发生。

建立健全残疾人就业服务机构，开设全国残疾人就业信息网，完善残疾人就业服务。开展残疾人职业培训、职业指导，逐步建立以就业市场预测、职业培训、职业资格证书制度、职业人才成长激励机制为主要内容的残疾人职业培训体系。

四、残疾人生活保障

残疾人在身心方面的缺陷，使其总体上获取生活必需品的能力不足，往往容易导致生活困难。因此，国家要采取措施保障残疾人的生活。《中共中央、国务院关于促进残疾人事业发展的意见》中提出：首先，完善残疾人社会福利制度，扩大残疾人社会福利覆盖范围，提高残疾人社会福利水平。其次，做好残疾人生活救助工作。在重点保障和特殊扶助的基础上，不断完善城乡居民最低生活保障、农村五保供养等生活救助政策。对重度残疾、一户多残、老残一体等家庭要着重照顾，做好低收入残疾人家庭生活救助。实施农村贫困残疾人家庭危房改造项目，在农村危房改造、城市廉租住房政策上优先照顾贫困残疾人家庭。

五、残疾人环境

残疾人环境包括两个方面：一是软的人文环境，二是硬的无障碍设施。人文环境体现社会成员对残疾人的认同、接受、帮助等，需要全社会共同来营造，也需要经过长期的积淀才能形成，是一个国家文明发达程度的体现。首先，全社会要形成“平等、参与、共享”的现代文明社会残疾人观，摒弃对残疾人的歧视和偏见，充分尊重、关心、帮助残疾人。其次，要增强全社会扶残助残意识，提高全社会的扶残助残能力。每个社会成员都应该有扶残助残的意识，通过各种不同的方式尽自己的能力为残疾人提供帮助。既要各级政府提供专项资金，又要大力培育各种民间组织和慈善组织，增强社会的扶残助残能力。最后，要培养残疾人自尊、自信、自强、自立的信念。通过宣传、文化、新闻、出版等部门和单位积极宣传残疾人自强模范，学校要对残疾人开展自尊、自信、自强、自立方面的教育，以便激励广大残疾人自尊、自信、自强、自立，尽可能成为自食其力的劳动者，融入社会，参与发展，共享发展成果。

无障碍设施不仅仅是给残疾人带来生活、工作上的便利，提高其生活质量，更重要的是体现了对残疾人的人文关怀。因此，国家要加大财政投入，加快无障碍设施的建设和改造。要完善有关无障碍建设的法律法规。加强城市道路、建筑物中的无障碍设施建设。推进与残疾人日常生活密切相关的住宅、社区、学校、公共服务场所和设施的无障碍建设和改造。在公共交通工具上配置无障碍设备，完善残疾人驾驶机动车的有关规定和管理办法。切实加强无障碍设施设备的管理和维护。

第三节　我国残疾人社会福利的相关政策与制度

经过几十年的努力，我国残疾人社会福利相关的政策、制度不断得到发展与完善。但是，中国的残疾人就业和生活水平还相对比较薄弱，中国残疾人福利面临的问题仍然较多，不断加强残疾人福利制度建设具有必要性和紧迫性。

一、我国残疾人社会福利体系建设取得的主要成就

（一）我国残疾人福利服务政策日益完善

为推动残疾人社会福利服务事业的发展，我国先后实施了关于残疾人社会福利服务的五年计划。《中国残疾人事业“十二五”发展纲要》指出“十一五”期间，我国残疾人事业取得了显著成就，形成了更加有利于残疾人事业发展的社会环境。

我国涉及残疾人权益保障的法律、法规有《中华人民共和国残疾人保障法》《残疾人教育条例》《残疾人就业条例》《社会福利企业管理暂行办法》《关于进一步加强残疾人康复工作的意见》等，涉及残疾人康复、教育、就业、扶贫、维权、体育、国际合作、基层组织等各个层面的利益。其中，《中华人民共和国残疾人保障法》是保障残疾人利益、发展残疾人事业的法律依据和重要基础，旨在保障残疾人以平等的权利、均等的机会，参与社会生活，共享社会物质文化成果。这些法律的颁布和实施，使中国的残疾人社会福利发展达到一个新的水平。

（二）我国残疾人福利服务格局基本建立

我国残疾人社会福利服务工作，在政府主导、社会参与、国

家扶持、市场推动的大格局下稳步开展，基本形成了政府主导、职能部门牵头、其他相关部门配合、社会组织和个人共同参与的工作格局。我国政府鼓励和动员社会力量广泛参与残疾人事业，包括残疾人组织在内的社会各界共同参与和支持发展残疾人事业，帮助和促进残疾人参与社会生活，共享物质和文化发展的成果。

（三）我国残疾人福利服务水平显著提升

我国通过对现有从业人员进行培训和职业教育，造就了一支职业化、专业化的社会福利服务队伍，使广大从业人员具有较高的政策理论水平、高尚的职业道德、较强的服务技能，进而推动我国残疾人社会福利服务水平达到了一个新的发展高度。《全国残联系统康复人才培养规划》中，国家通过使用学分登记册进行，学分管理制，加强社区康复协调员资格认证，切实开展残疾人康复专家技术指导组组建工作。此外，中国残联组织专家编印了《全国残联系统康复人员培训学分管理办法》《社区康复上岗人员培训教材》《社区康复协调员资格认证管理办法》，着力推行残联系统康复人才培训的学分管理和社区康复协调员资格认证制度。

（四）我国残疾人福利服务领域不断扩大

目前我国残疾人社会福利服务领域不断扩展，残疾人所享受到的服务项目涵盖了康复养护、就业培训、文体娱乐等多个方面。各地积极推进残疾人康复服务专门机构和康复服务专业人才队伍建设；整合资源，发挥医疗卫生机构、社区服务机构、学校、幼儿园、福利企事业单位、残疾人活动场所等现有机构、设施和人员的作用，加强社区康复员队伍建设，提供适宜的社区康复设施，大力开展社区康复服务，将社区康复服务纳入社区建设和基层卫生工作。地方政府鼓励和支持残疾人服务领域的科技研究、引进、应用和创新，提高信息化水平，扶持残疾人辅助技术和辅助器具研发、生产和推广，促进相关产业发展。

（五）我国残疾人福利服务方式走向多元

残疾人福利服务是多学科、跨部门、业务广泛、综合性强的社会事业，必须以政府为主导，各方协调运作。经过多年的探索与实践，我国提出了推进社会福利社会化的基本思路：实现投资主体多元化、服务对象公众化、运行机制市场化、服务方式多样化和服务队伍专业化及与志愿者相结合。2000 年 2 月，国务院办公厅转发了民政部等 11 部门《关于加快社会福利社会化的意见》，制定了包括卫生福利事业在内的社会福利事业发展规划和目标任务，对社会力量兴办社会福利机构制定了一系列优惠政策。一方面，广泛动员社会各种力量为包括残疾人在内的特困群体提供福利服务，有效地增加了助残及康复服务的机构数量及服务的供给；另一方面，进一步丰富了残疾人福利机构乃至各类社会福利机构的服务内容和服务项目，使全社会为残疾人提供的服务更加丰富多彩。

政府应大力发展盲、聋、哑、弱智儿童特殊教育和义务教育，适应教育发展的国际潮流，完善特殊教育体制，丰富办学形式，为残疾人提供正常化和社区化的特殊教育。

政府在依托社区服务的基础上，促进残疾人居家服务的发展，有条件的地方建立残疾人居家服务补贴制度；完善专门面向残疾人服务的社会组织建设，完善民办公助、政府购买、政府补贴等服务方式，鼓励企业、个人参与残疾人服务设施的建设，发展残疾人服务业。部分省市在残疾人生活保障、残疾人康复、聋儿语训、残疾人辅助器具配置等服务项目上的建设和管理上，则运用了公办公管、公办民营、民办公助三种方式，充分发挥了市场在配置资源方面的基础性作用。

二、中国残疾人福利面临的问题与对策

目前中国残疾人福利中存在的问题突出表现为：一是残疾人群体规模庞大，缺乏有效的制度保障；二是残疾人福利资金来源渠道单一，主要来源于财政拨款，残疾人贫困问题非常突出；三是残疾人犯罪问题，特别是残疾儿童和青少年由于教育福利缺失引发的犯罪现象突出；四是残疾人福利推进过程中存在行政化的倾向，残疾人组织与政府部门的福利功能定位不清；五是农村残疾人弱势特征明显，目前所实际享受到的政府优惠政策及其政策效果有限，其生活来源主要是靠家庭其他成员供养等。下面择要介绍残疾人就业、残疾人教育和无障碍环境建设方面的问题和对策。

（一）残疾人就业的问题与对策

就业是民生之本，残疾人就业同样是残疾人生存之基，而且残疾人就业问题关系到整个社会的稳定。要解决好残疾人就业问题，首先应给予具有劳动能力的残疾人平等的就业机会。但是，有关数据表明，当前我国残疾人的就业率只是非残疾人的一半左右，平均工资也只有非残疾人的一半左右。在这样的背景下，制定更为完善的残疾人就业政策，就显得更为紧迫。

1. 残疾人就业面临的问题

当前中国残疾人群体就业中存在的问题主要有几个方面。

首先，残疾人群体就业质量整体不高，就业方式不适应就业形势的需要。从实际情况看，多数残疾人根本无法获得就业机会，大批残疾人处于失业状态和贫困状态。残疾人群体内部整体状况差距也较大；智障者、精神残疾者、盲人就业更是困难。我国“以集中就业为主，其他方式为辅”的残疾人就业方式，在一定历史时期有效地解决了残疾人的就业问题，但随着市场经济

的发展，企业之间的竞争越来越激烈，为解决残疾人集中就业开办的福利企业往往在技术人才、管理水平、生产规模、产品质量等方面处于劣势，在残酷的市场竞争中不少福利企业无法生存。同时，按比例分散就业的方式也困难重重，行政执行主体不明确，难以有效地贯彻实施。

其次，残疾人群体的工作技能缺乏、受教育水平低。残疾人群体往往缺乏技能培训并且受教育水平较低，整体文化素质不高导致用人单位对残疾人求职者存在偏见和歧视，降低了残疾人就业的市场竞争力以及对用人单位的说服力。此外，现行的残疾人教育和培训体制没有与市场接轨，导致残疾学生毕业后就意味着失业，反过来降低了残疾人的求学积极性，形成恶性循环。

最后，残疾人在求职中面临就业歧视，缺乏就业机会。当前，多数用人单位认为残疾人不能同健全人一样工作，往往会招聘后者。更令人担忧的是，随着市场经济的发展，就业竞争的加剧，残疾人就业将面临更加严峻的考验。加上近些年来全国的就业形势紧张，残疾人就业又将接受新的考验与压力。

2. 解决残疾人就业的对策

要改善残疾人群体的就业状况，真正解决残疾人就业难的问题，需要从以下几个方面入手。

第一，加大残疾人就业的政策保护。《残疾人就业条例》明确规定了各类企业要按照一定比例吸收残疾人就业，但是，残疾人就业仍面临着较大的困难。在福利企业和残疾人自主就业方面，还应该加大政策保护力度，并且在实施细节上制定更明确的强制措施。比如，政府通过联合司法部门，制止“有法不依、执法不严”的现象；强化执法检查的功能；要严厉打击侵害残疾人就业权利的行为。

第二，开发残疾人就业岗位。在市场经济条件下，如何发挥福利企业的集中就业优势，继续办好社会福利企业，是解决残疾人就业岗位缺乏的关键。同时,国家和社会应积极开发残疾人自主就业岗位,为残疾人创业和成才提供良好的社会氛围和市场环境。

第三,注重提高残疾人的综合素质。解决残疾人就业的根本点必须从提高广大残疾人的文化、技术等综合素质入手,不断加强对残疾人的教育培训。目前,残疾人综合素质普遍较低是影响其就业的一个大障碍。只有掌握了知识和技能,才能在就业市场中处于优势,在市场竞争中掌握主动权。因此,做好残疾人教育和职业培训工作,是促进残疾人就业的重要一环。

(二)残疾人教育的问题与对策

新中国成立后,为保障残疾人平等接受教育的权利,国家出台了一系列政策措施。1951 年 10 月政务院《关于改革学制的决定》要求设立聋哑、盲人特殊学校。改革开放以来,国家先后颁布了《关于发展特殊教育的若干意见》(1989)、《中华人民共和国残疾人教育条例》(1994),不仅继续发展聋哑、盲人特殊学校,而且要求普通学校附设特殊班、残疾儿童在普通班随班就读,开办各类中短期职业培训班,普通中专、技工学校招收残疾学生。

1. 残疾人教育面临的问题

第一,制度建设先天不足,缺乏立法指导。在我国多部残疾人权益保障和教育立法中,原则性和一般性的法规较多,如《中华人民共和国残疾人保障法》和《中华人民共和国义务教育法》等,这类法规大多没有细致说明和操作细则,而专门涉及残疾人教育的《中华人民共和国残疾人教育条例》也没有上升到法律的层面。这种局面大大降低了政策执行的有效性,造成了执行的差异性。

第二,机构建设滞后,师资力量薄弱。目前,中国残疾人教育机构建设滞后于残疾人教育发展需求,办学条件亟待改善和提高。大多数特殊学校校舍建设标准都较低,教学生活设施不完善。另外,开展随班就读的大部分普通学校也没有为残疾学生提供所需的特殊教学环境和设施,在职业特殊教育学校和开展职业培训的特殊教育机构中,由于缺少必要的专业教学设备,职业技能的教学大多局限于讲授书本知识,残疾学生缺少实践机会。而且,现在有很多从事特殊教育的教师都不是特殊教育相关专业的毕业生,也没有接受过从事特殊教育的专门培训,无法保证教学的质量。

第三,部门责任分散,社会参与不够。由于残疾人教育涉及残联、民政、教育、社会保障部门、学校等多个部门,因而多头治理、缺乏协调、缺少整合机制和问责机制的问题比较突出。不同部门有不同的政策目标,缺乏统一集中性,最终难以落实和追究管理责任。因此,界定各部门的职责、提高工作效率、保障残疾人的受教育权利刻不容缓。此外,中国现有的残疾人教育机构大多为政府公办,缺少与社会、企业合作的有效机制,无法很好地利用社会资源。一些拥有校办企业的特殊教育学校也因为校办企业没有专业的管理和适应市场需求的产品,大多生产经营不善,或形同虚设。

总体说来,残疾人教育问题既有教育制度内部的原因,也有教育制度外部的原因;既有历史的原因,也受到当前社会经济发展水平的制约。残疾人教育工作者及有关部门应积极探索有效的策略与措施,诸如制定特殊教育法、建立残疾人教育的财政投资制度、优化教育结构等,以促进公平而有质量的残疾人教育的发展。

2.发展残疾人教育的对策

首先,应注重残疾人教育的福利性建设。国家应该将残疾人教育纳入到教育福利体系中,同时厘清残疾人教育与其他福利项目的关系,祛除其中重复或不符合时代发展需要的项目,使残疾人教育走上福利化、体系化、制度化建设的道路。另外,由于中国仍处在社会主义初级阶段,残疾人教育全靠政府包办是不可能的。所以，在坚持政府办学为主的同时，也要积极支持和鼓励民间办学、社会力量办学和捐资办学，扩大社会参与，增加教育经费来源渠道。其次，加大教育经费投入和师资队伍建设。同时，教育经费投入不足也是制约特殊学校师资队伍建设的瓶颈，特殊教育师资的短缺和流失是需要解决的迫切问题。国家要加大财政补贴力度，保证残疾人教育经费的拨付。运用专项资金解决特殊教育设施建设问题。建设一批办学水平高、社会效益好的特殊教育学校：一方面对师资培训的费用与对专任教师的特教补贴要落实到位，另一方面为残疾人教育配备各种特殊设施与设备。最后，挖掘、利用社会力量。倡导多元参与的残疾人福利理念，引导和鼓励社会力量在残疾人教育事业中发挥作用，充分认识非政府组织在残疾人教育中的力量。非政府组织具有容易从政府那里获得资源和容易接近被服务对象的优势，对服务对象的需求反应灵敏，为服务对象提供的服务针对性较强。此外，志愿者的支持也非常重要，作为一支新兴的社会支持力量，可通过多种方式在残疾人教育方面做出贡献，如通过发动青年学生、学校的老师等组成志愿者队伍，对残疾儿童的教育等事务给予帮助。

（三）残疾人无障碍环境建设的问题与对策

1. 残疾人无障碍环境建设面临的问题

目前，中国残疾人无障碍环境建设也面临一些问题，主要表现在以下几个方面。

一是对残疾人无障碍环境建设认识不足。由于中国残疾人无障碍环境建设起步晚，社会及公众对于无障碍环境的认识还不够深入，主要表现在公众还较缺乏残疾人无障碍环境及其建设的基本知识。由于不了解和不认识，甚至有人认为无障碍设施只是针对少数的残疾人，使用者范围较小、可有可无，由此导致不爱惜、不保护残疾人无障碍设施的现象时有发生。

二是残疾人无障碍设施不完善。虽然中国残疾人无障碍环境建设自20世纪80年代以来有所改善,但在无障碍环境建设方面还有一些欠缺。现阶段中国大批无障碍设施建设还较为落后,尤其是配套设施建设很不完善。许多城市的街道和小区的无障碍设计如铺设盲道、设置坡道等,有许多都成了摆设,根本不便于残疾人和老年人使用;有的无障碍设施成了“面子”和“任务”工程,典型的如盲道只修在人行道上,没有连接到车站、超市等公共设施的出入口;公共交通方面更是缺乏无障碍设施,坐轮椅的残疾人无法乘坐公共汽车、无法进入地铁车站等。

三是残疾人无障碍设施维护管理亟待加强。虽然中国的残疾人无障碍环境建设从无到有,有了一定的发展,有些地方的设施还特别先进,但利用率却特别低。这是因为中国残疾人无障碍设施被损害和占用现象严重。例如,城市道路的坡道和盲道被破坏和随意占用,公共厕所内的残疾人扶手被毁坏,低位电话无法使用等,凡此种种,使得日常生活中很少有盲人“敢”在盲道上行走,很少有残疾人使用各种无障碍设施。因此,无障碍设施的维护管理亟待加强。

2. 残疾人无障碍环境建设的对策

一是加强对残疾人无障碍环境建设的舆论宣传。由于中国无障碍环境建设的社会认识基础薄弱,迫切需要加大教育和宣传力度,使无障碍环境建设得到全社会的认同和支持,使无障碍设施像建设交通红绿灯建设一样普遍。国家应通过有意识的倡导和宣传,形成全社会尊重残疾人的行动自由、爱护残疾人无障碍设施的观念。

二是提高残疾人无障碍设施的使用效率。一方面,要对现有的残疾人无障碍设施进行维修和保护,进一步加强管理。另一方面,还应有意识地加强对残疾人的使用培训,提高残疾人对无障碍设施的认识程度和使用效率,让无障碍设施为残疾人出行提供更多便利,让残疾人更好地参与社会生活中去。

三是要不断丰富和完善残疾人无障碍环境建设。目前，中国在残疾人无障碍环境的法律规范、系统规划、器械开发、建设标准等方面都很薄弱，在一定程度上造成了残疾人与主流社会的隔绝和脱离。立足于中国经济社会发展进步的现实基础和国际社会已有的经验，中国残疾人无障碍环境建设的内容仍需进一步丰富和完善，则通过立法保障、制定系统规划、研究开发助残器械、提高建设标准等途径，不断丰富和完善残疾人无障碍环境建设，为残疾人平等参与社会生活，提供基础性条件。

第四节　构建我国残疾人社会福利服务体系的基本路径

当前，推进我国残疾人社会福利事业的发展，必须针对目前我国残疾人社会福利服务存在的现实问题，充分认识推进我国残疾人社会福利服务发展的必要性，逐步构建残疾人社会福利服务体系，切实维护残疾人的合法权益。具体而言，构建残疾人社会福利服务体系应从以下几方面入手。

一、完善立法，加强司法

要建立完善的残疾人福利法律体系来保障残疾人福利得到真正的实现。在继续完善《残疾人保障法》的同时，加快制定相关领域的专门法律，包括《残疾人福利法》《残疾人教育法》《残疾人就业法》《残疾人救助法》等。在完善立法的同时，还要加强司法监督，否则再好的法律也得不到真正的实施，发挥不了法律保障作用。残疾人作为社会弱势群体，其合法权益更应得到法律的有力保障。要完善残疾人的权利救济机制，当残疾人的合法权益和福利受到不法侵害时，残疾人应该及时、合理地运用法律来维护自身利益。如果残疾人没有运用法律武器维权的能力，残联等部门应该及时提供法律援助。总之,要使我国残疾人福利事业依法实施,走上法制化道路。

二、健全领导体制和工作机制

我国残疾人事业采取党委领导、政府负责、社会各界广泛参与、残疾人组织积极发挥作用、协调运作的工作机制。完善党委领导、政府负责的残疾人工作领导体制,是做好残疾人工作的关键。各级党委加强对残疾人事业的领导,主要体现在:把残疾人工作列入议事日程,认真研究部署;指导残疾人组织贯彻落实党的方针政策;加强各级残疾人联合会领导班子及各级残联组织队伍建设。

政府负责,就是各级政府要在残疾人事业发展中发挥主导作用,主要体现在:做好残疾人事业发展规划,统筹安排,落实实施;将残疾人事业经费列入各级财政预算,逐步增加,稳定保障;制定落实发展残疾人事业的政策措施;为残疾人提供切实有效的公共服务。

各级政府残疾人工作委员会发挥综合协调作用。为适应残疾人事业多领域、跨部门、综合性强的特点,各级政府设立了残疾人工作委员会,它是政府议事协调机构,是政府做好残疾人工作的重要抓手,发挥着重要作用。

社会参与,就是要坚持走社会化的道路,广泛动员社会力量,有效整合社会资源,支持残疾人事业发展,形成发展的合力。工会、共青团、妇联、老龄协会等社会组织要维护残疾职工、残疾青年、残疾妇女、残疾儿童和残疾老人的合法权益。慈善团体要积极为残疾人事业筹集善款,开展爱心捐助活动。

发挥残疾人组织作用。各级残疾人联合会是党和政府联合广大残疾人的桥梁和纽带。具有“代表、服务、管理”三种职能:代表残疾人共同利益,以维护残疾人合法权益为宗旨;团结教育广大残疾人,开展各种活动,为残疾人服务;承担法律赋予的职责，做好残疾人事业的管理工作。

三、建立多元化的筹资机制，增强福利供给能力

资金是发展残疾人福利事业的物质基础，没有足够的资金，再好的政策也无法实施。首先，国家应该设立残疾人专项福利基金，而且保证专项资金要随着国民经济发展而不断提高。提高残疾人福利水平，以保证残疾人共享国家和社会的发展成果。其次，动员、利用民间资源。事实证明，重视民间资源的开发有利于提高残疾人的福利水平。国家和社会提供残疾人福利可以通过发展残疾人慈善事业和组建非政府组织来实现。充分发挥非营利组织在残疾人社会福利中的促进作用，引导非营利组织积极开展残疾人社会福利服务。在全社会倡导“扶残助残”的观念，营造良好的“扶残助残”氛围，让每一位社会成员都成为“扶残助残”的先锋。总之，既要加大政府专项财政资金的支持力度，也要充分挖掘民间资金，形成国家、集体、民间组织和个人投资的多元筹资机制，增强残疾人福利供给能力，更大程度地满足残疾人的福利需求。

四、立足基层，大力发展残疾人社区福利服务

社区是残疾人生存与发展的基本依托。社区不但能够在日常生活、教育培训、最低生活保障等方面为残疾人提供福利服务，而且在残疾人参与社会生活、行使民主权利、实现自身价值等方面作用显著，因而残疾人社会福利服务与社区联系紧密。

社区残疾人社会福利服务作为我国社会福利服务事业发展的新趋势，能够为残疾人提供切实有效的扶持和帮助，有利于残疾人平等参与社会事务，提升自身生活水平。

残疾人社会福利服务建设应立足社区，充分利用社区资源，为残疾人提供就近便利的服务。

一是加强社区残疾人社会福利服务网络建设。在城市，社区服务依托居委会、小区进行，在农村，社区服务主要依托村、镇展开，社区服务表现出明显的地域性特征。根据社区服务的地域性特点，科学地进行残疾人社区服务项目规划，进行残疾人社会福利服务网点建设，逐步推进多功能的微型残疾人社会福利服务网络。

二是充分认识残疾人的需求，丰富残疾人社会福利的服务内容，促使残疾人融入社区。现阶段我国社区残疾人社会福利服务应注重各项社会救助政策的落实，切实保证残疾人的基本生活；以家庭为基础，开展残疾人社区康复；通过居家照顾、日间照料、康复训练等服务，不但在物质生活中给予残疾人照顾，更要在精神生活上给残疾人以积极引导，保障残疾人的精神文化生活；加强社会福利服务场所和设施建设，营造社区无障碍环境，给残疾人提供更多的便利；建立以社区为基础的残疾预防制度，构建与完善残疾人信息通报机制。

三是依托村委会、居委会等城乡社区自治组织，加强社区服务队伍建设。依托社区残疾人协会，充分发挥社区非营利组织、志愿者在残疾人社会福利服务中的作用。此外，要以社会工作者为主体，加强职业化的社区残疾人社会福利服务建设，提升残疾人社会福利服务的专业化和规范化水平。①

---

① 王齐彦.中国新时期社会福利发展研究[M].北京：人民出版社，2011，第131页

第七章 我国妇女社会福利的发展与改革

人是以性别身份存在于人类社会中的。妇女是半边天，在这个“男权社会”中，在某种意义上，妇女也是弱势群体，因此建立和完善妇女社会福利，也成为整个社会福利体系的有机组成部分。

第一节 女性主义社会福利理论

女性主义福利思想作为一种具有强烈社会批判意识的思想，对现存的福利制度进行了激烈的批评并挑战主流的社会福利意识形态。女性主义福利思想为我们提供社会性别视角，对揭示现存福利制度的局限和不足，具有重要的理论意义。

尽管女性主义有着多样的流派，但在社会福利领域，女性主义基本有一个共同的价值体系。具体论述详见下文。

一、平等的公民权

公民身份是现代社会的重要议题，因为它显示公民个人应得的权力。从政治学的角度来理解，“公民权”主要是由三部分内容构成的：市民权利(civil rights)、政治权利(political rights)和社会权利(social rights)。市民权利，是指国家为了保障个人自由而设定的一些必需权力，如人身自由、法律平等等；政治权利，是指参与政治权力运用的权利；社会权利，是指在公民权、政治权之外，人民求取基本生命需求之满足的权利。

公民权利概念是马歇尔(T. H. Marshall)首先建立的。公民权利的基本含义是平等，每个人都拥有平等的法律、人身自由、政治及基本生活待遇保障的权利。马歇尔认为，社会及经济的种种不平等，可以通过公民身份的平等权利得到减轻。尽管马歇尔对公民权利发展的阶段论述为他带来不少批评，但这一理论强调的公民身份平等，在现代资本主义社会是有助于那些受到自由市场竞争淘汰的弱者得到基本生活保障的。因为公民权利的理念给予弱势群体重要的论据，以表示不平等待遇或处境是对他们基本权利的侵蚀，而公民身份又是他们基本人权的基础。

女性主义者指出，“公民权”过去一直被当做一个性别中立的概念来加以利用。女性主义者对传统的“公民权”概念进行了批评，主要包括以下内容：它是一种中性化的建构，是一般的指涉体系和一种“去性别化”的过程。但在现实社会中，福利国家中在对待男女两性方面是存在较大差距的，在公民权的规定上女性一直被排斥在外，这不仅是历史遗留的问题而且也是一个严重的社会现实问题。① 在福利国家的长期发展过程中，福利国家政治话语中“女性”是一个关键词，也是“福利依赖（welfare dependency）”的代名词。随着工业社会的到来及其发展，不断涌现新的社会边缘群体，尤其领取公共福利的人口构成凸显了依赖的个人化特征。因此，当代女性主义者增权运动的主要目标就是取得与男性平等的社会地位和福利待遇。

同时，强调使依附女性等弱势群体进入“正常化（normalization）”的生活轨道已成为西方社会政策考虑的一个焦点。时至今日，“公民权”在当今西方的政治话语体系里，已不再是一个孤立的概念，它所涵盖的意义包括权利、义务、品德和参与等一系列政治词汇的基本元素。

“公民权”也是一个情境化的语汇，需要将性别作为一个重要的维度，来审视权力分配的差异是如何形成的。

---

① Lister，R. *Citizenship*：*Feminist Perspectives*. London：Macmillan，1997

对于两性关系与公民身份之本质的思考，女性主义的关注点在于女性的“生育者”与“照顾者”身份之上。

女性因为“生育者”“照顾者”与“老年人口主要构成者”的身份，成为“人口统计上的难题（demographic problems）”，因此也成为今天福利国家发展方向的中心主题。残补式的福利制度，使女性基于被救济的对象，女性的身份被建构为“依赖者”：依赖男性和依赖社会福利制度。包括马歇尔的理论，也完全不考虑女性的无酬家务劳动。循着这样的理念建立起来的现代福利制度，必然显现福利的性别二分的取向。社会福利的性别化使得处于不利地位的妇女形成对男性的依赖和对社会福利的依赖。

二、市场、家庭与国家互动构建女性福利制度

市场、家庭和国家三者都扮演了福利的部分提供者的角色。三者之间的交互作用，塑造了福利制度的性别特征，也以不同的方式影响着性别关系。

女性主义者从不同的视角来解释妇女依赖和福利依赖现象，尤其关注妇女与劳动力市场之间的关系命题。

（一）妇女福利和劳动力市场

女性主义认为，在社会生活中，妇女只有依靠自己的劳动，才能提高其家庭地位和社会地位，其主要的途径就是进行就业融入社会，参与积极活动，从而获得劳动报酬，取得经济独立。但是，另一方面市场机制和就业制度又是具有性别取向的——市场存在雇佣的性别偏好和劳动分层的性别化差异。在分层的劳动力市场中，妇女主要处于次级劳动力市场中，从事服务和体力性工作，其在整个社会职业结构体系中的地位是很低的，相对于男性来说她们的工作都是低下层次的；在整个社会的劳动力市场中，妇女只是扮演着后备军的角色。这种性别上的劳动歧视造成妇女不能从事那些高层次的工作，相应地她们的工作待

遇和男性劳动者相比就会低很多，造成了女性贫困化现象。基于以上的分析，女性工资偏低，从而在家庭生活和社会生活中不得不依赖于男性的工资，这种经济上的不独立性进一步影响了女性的社会地位。

不同国家相关的就业政策和劳动法案也在不同程度上影响了妇女参与劳动力市场的机会和在劳动力市场上的待遇。一项对日本经济结构和就业市场的研究显示，日本20世纪60年代的经济起飞，在一定程度上是通过对女性从属地位的不断建构而实现的。日本就业体系是核心—边缘结构。在这一体系中，享受终生聘用者是所谓日本经济“核心竞争力”所在，他们是受到制度性保护的劳动力，但其在全体劳动力中的比例在任何时期都不足1/3；而处于劳动力市场边缘的所谓弹性就业劳动力，是未受到保护的劳动力，在很大程度上主要是由女性构成的。[①]这种“核心—边缘”的劳动力组织结构，决定了日本特有的家庭模式和社会惯常的性别分工的维系和巩固，即男性被期待为家庭经济的主要来源、男性家长被提倡持续地投入工作和对职业忠诚、男性不需为家庭责任投入精力和时间。而为了满足市场对这种核心男性劳动力供给的需求，妇女必须扮演好主妇和母亲的角色。因此，日本妇女参与市场劳动是受到极大限制的。此外，日本的《劳动标准法》也严格限制了女性的工作环境、工作时间和工作强度，使女性的职业角色作为其首要角色，其权利没有得到制度性保护，从而使妇女处于法律上的弱势。日本的例子生动地展现了劳动力市场是如何塑造、维持和强化妇女劣势地位的。

不能否认，劳动的市场化对妇女社会参与和经济独立的积极意义，但是市场显然是把双刃剑。一方面，劳动力市场为妇女参与社会生活和实现经济独立提供了机会和途径；另一方面，劳

① [日]独立行政法国立女性教育会馆著；全国妇联妇女研究所译.日本的女性与男性——男女平等统计[M].北京：当代中国出版社，2007，第44—45页

动力市场的性别分层、劳动行业和职业的性别隔离，使得女性的收入始终低于男性，在经济上不得不成为依赖者或半依赖者（对男性家长和福利制度的依赖），这不仅无助于妇女解放和男女平等，在一定程度上还使妇女在家庭和社会处于不利的位置。因此，女性主义认为，市场在妇女生活中的角色是好坏参半的，市场机制在改善她们福利状况方面的作用是双刃剑性质的。

（二）妇女福利和家庭

家庭与社会政策的关系，是女性主义福利理论体系中最独特和最重要的组成部分。女性主义福利思想认为，“家庭虽然属于私人和非正式领域，但它在福利的给付上扮演着不可或缺的角色，实际上家庭总是提供了最大数量的福利。”①

女性主义强调，妇女福利和妇女角色、妇女的家庭责任以及家庭结构关系密切。婚姻与家庭不仅全面和决定性地影响着妇女的生活状况，而且直接影响到家庭生活状况和家庭成员福利状况。这些都是其他思想流派考虑妇女福利时普遍缺乏的视角。

女性主义福利理论既始于分析妇女在家庭生活中的角色，又以家庭结构变迁和功能作用对妇女福利状况产生影响，为福利理论的核心分析议题。

20 世纪 50 年代，家庭研究的主导方法与理论是结构功能主义。按照结构功能主义家庭理论，“无论妇女的经济状况如何，妇女的传统角色是母亲负责儿童养育，妻子和女儿是家庭中老年成员的主要照顾者。”②

女性作为家庭照顾的提供者与家务劳动的承担者的角色，

---

① Lewis，J. “Introduction”. In Bumer，M. ，Lewis，J. &Piachaud，D. (eds.). *The Goals of Social Policy*. London：Unwin Hyman，1989

② Hyde，C. “Feminist Approaches to Social Policy”. In Midgley，J. &Tracy，M. B. et al. (eds.). *The Handbook of Social Policy*. Thousand Oaks：Sage Publications，2000

成为女性外出就业的障碍。例如,在性别角色传统色彩浓厚的日本,由于结婚,女性的工作方式发生了变化,与结婚前相比,无业女性增加了两成。

即使到了20世纪下半叶,妇女就业率大幅提高已成为一个世界性的潮流,但在女性是家庭照顾的提供者与家务劳动的承担者的角色定型观念支配下,妇女进入劳动力市场的同时,由她们主要承担无酬家务劳动的事实并没有得到改变。

妇女作为挣工资者、劳动者的社会角色和作为母亲、妻子的角色之间,存在角色矛盾和冲突,对家庭的照顾责任与做一个有竞争力的生产者的责任之间亦因两难而形成紧张力,妇女在这双重角色冲突中顾此失彼,进退维谷。但是,社会福利制度普遍没有对职业妇女这种失衡和紧张做出回应。

家庭与福利制度紧密相关更多表现在家庭政策的制定方面。自20世纪80年代以来,家庭政策实际已成为欧美国家政策议程的主要议题。但是,这些政策的制定建立在这样的观念假设下:家庭是一种和谐化力量,是社会和平与社会稳定的基础。长期以来,欧美主要国家由于受到结构功能主义的影响,其家庭生活理论对人们的影响颇大。这种理论认为:家庭是满足个人成长与发展的基本社会单位,积极促进社会成员之间的生理和情感满足,调节着个人与社会之间的适应程度,并且家庭是个人比较私密的生活领域,极少受到国家的干扰,没有任何权利斗争,不带政治色彩。

对于上述家庭结构功能与妇女福利状况之间关系的接受,女性主义思想家是不认同的,他们彻底颠覆了这一传统阐释,认为:“女性主义者否定家庭是妇女福利主要来源的传统看法,认为家庭是父权主义权威和性别压迫的主要场所,是影响妇女福利状况改善的重要因素。”①正如女性主义的代表人物威廉斯等

① 刘继同.性别视角的社会福利理论[M].北京:中国社会出版社,2009,第158页

所指出的，家庭有时是由意识形态建构的；家庭生活充满冲突和权力斗争，并不是纯净的私人空间。

现实也如威廉斯等所揭示的，家庭照顾在福利制度中具有传统与基础性地位。在父权主义的家庭结构中，“养家糊口的丈夫”和“提供无偿照顾的家庭主妇”的角色定位，决定了家庭福利供给的结构。而综观各国的社会福利制度，迄今为止，家庭仍然是为个体提供了最大数量福利的单位。“男人养家、女人照顾家庭成员”的性别角色定位，成为保守主义社会政策议程的基石。

（三）妇女福利与国家

国家通过制定社会政策，决定了女性在社会再分配体制内处于什么样的位置。正如威尔逊所指出的：“只有在对女性在现代社会中的位置有一个正确认识的基础上所进行的福利国家分析，才能揭示出现代福利主义的全部内涵。”①

福利制度对性别关系的影响可以从两种理想型社会政策——男性作为经济来源模型和个体模型——的比较分析加以揭示（表 7-1）。

表 7-1　社会福利中男性作为经济来源模型与个体模型比较

维度	男性作为经济来源模型	个体模型
家庭观念	严格分工 丈夫＝赚钱者 妻子＝照料者	共享角色 丈夫＝赚钱者/照料者 妻子＝赚钱者/照料者

① Wilson, E. “Feminism and Social Policy”. In Loney, M. & Boswell, D. *et al*. (eds.). *Social Policy and Social Welfare: A Reader*. Milton Keyes: Open University Press, 1983

续表

维度	男性作为经济来源模型	个体模型
权利	夫妻间有区分	统一
权力基础	男性作为经济来源	其他
福利接收者	家长	个体
贡献单位	家庭	个体
税收	联合交税 依靠者减免	独立交税 平等减免
就业和工资政策	男性优先	两性平等
照料领域	以私人领域为主	国家扮演重要角色
照料工作	无偿	部分有偿

表 7-1 显示，在男性作为经济来源的模型中，男性和女性在家庭中分别扮演：挣面包的人和照顾者两种不同的角色。在劳动力市场上他们享受不同的待遇，男性优先，这导致女性的福利建立在以男性为经济来源的基础上。

在个体模型中，两性在家庭中共同分担赚钱和照顾者的角色，劳动力市场的就业和收入政策对男女两性而言是平等的；在对福利的贡献和接受上，两性分别以个体为单位，是相对独立的——我们由此可以看出：不同的社会政策塑造了不同的性别关系和生活模式，从而导致性别不平等或平等的关系。

女性主义者在国家与妇女福利的关系上常常表现出一种矛盾的态度。一方面，她们尖锐地指出，国家不是中性的和价值无涉的，而是深深隐含着父权主义假设和男女不平等的价值判断。她们认为，即使是标榜以公平正义为核心理念的福利国家，也只是有限地关注了不平等。另一方面，她们又都认同国家在妇女生活中扮演着重要角色的观点，强调国家责任，承认国家在改善妇女福利状况中的重要作用。

确实，不管你基于何种立场，都不能不承认国家立法与保护具有的战略性效果。

事实上，福利国家是可以通过提供国家福利以利于妇女解放和妇女社会地位的提高的。

（1）国家可以通过劳动力市场中反性别歧视的立法，确保妇女充分参与社会经济生活。

（2）国家可以通过不断提高妇女接受高等教育和职业培训的比例，以有利于男女之间工资收入差距日趋缩小。

（3）国家可以通过提供高质量和可以负担得起的儿童和家庭照顾服务，改善妇女福利。

（4）国家如果考虑妇女“家庭工作”的津贴等，将改变女性照顾劳动隐形化和不得不成为男性“依赖者”的状况。

所以，女性主义指出，既然国家政策直接影响妇女生活质量和福利状况，国家也就有能力通过制度性力量改善妇女福利和提高妇女社会地位。

综上所述，女性主义社会福利思想通常展示了对社会公平与正义的关心，但是，在一个由性别差异驱动的社会里，社会福利很少能够在实践层面上平等运作，因此社会福利要及时和有效地回应女性的需要就有不小的难度。

第二节　我国妇女社会福利的内容

在现代社会，女性群体位于弱势群体的行列。妇女社会福利，指为了实现满足所有妇女的社会服务需要的目的，国家和社会制定相应的福利政策和采取社会化的福利措施，不断提高妇女的社会地位和改善社会妇女生活质量。妇女社会福利的内容主要集中在就业、生育、发展等方面。改善妇女的社会福利状况对于社会的进步具有重要意义。

一、妇女社会福利的概念、内涵

妇女社会福利至今还没有一个明确的定义。根据国际上的通行做法(也就是西方广义的妇女社会福利概念),妇女社会福利,指为了实现满足所有妇女的社会服务需要的目的,国家和社会制定相应的福利政策和采取社会化的福利措施,不断提高妇女的社会地位和改善社会妇女生活质量。狭义的妇女社会福利是指针对不幸妇女(如少女妈妈、家暴受虐者、残疾女性、留守农妇)所做的辅助性、支持性服务等。

为了进一步理解妇女社会福利的概念,我们可以从以下四个方面来把握上面的定义。

第一,在责任主体上,国家(主要指政府有关职能部门,如我国的民政部)和社会(主要是各种社会福利团体,如我国的妇联)是妇女社会福利的责任主体。

第二,从享受对象来看,妇女社会福利的享受对象应包括所有妇女。

第三,从服务的提供方式看,妇女社会福利内容广泛,包括基本的物质保障和优越的各项社会服务。

第四,涵盖于第三产业中,具有经济福利性的社会服务性质,但是具体上来说和一般的第三产业又有明显的区别,它的生存和发展离不开政府的政策扶持,不能依靠市场手段来调节其问题。

二、妇女社会福利的作用

妇女社会福利作为一项分支福利项目,在社会经济生活中的作用有其特殊性的一面。这些作用主要表现在四个方面。

(一)有利于实现男女平等

由于自然的生理局限以及传统思想观念的作祟,女性参与社会经济活动时常常受到各种阻碍,特别是在就业中,常受到不平等待遇,这一切又会影响到妇女在社会上的经济地位和政治地位。随着社会经济的发展、妇女地位的改变,男女平等成为社会发展的一种潮流。实现男女平等的关键是妇女享有平等参与社会经济活动的权利和平等的发展机会。国家通过立法保障妇女的劳动权利,实施女工劳动保护,加强妇女保健工作,提高妇女的整体素质,都能为妇女参与社会经济活动奠定牢固的基础,是实现男女平等的必要条件。

(二)有利于维护家庭和睦和社会安定

妇女是家庭中的重要成员,政府为妇女提供必要的帮助和照顾,能大大减少家庭因经济困难等原因而导致的家庭破裂、家庭不和睦等现象,从而有利于劳动力的再生产,也有利于社会的稳定。

(三)有利于提高人口质量

劳动力是一国社会经济发展的基本要素之一。国家的发展依靠高素质的劳动力资源,这已是一个不争的规律。国家通过制定妇女就业保障、妇女生育福利、妇女健康、女孩成长等方面的政策、措施来对有这类需要的妇女提供帮助和服务,能从基础上提高全民族的人口质量。

(四)有利于开发和利用女性劳动力资源

妇女是社会劳动力资源的重要组成部分,甚至有些工作非女性而不能承担,有了完善的妇女社会福利,妇女的生存状况会进一步改善,劳动积极性也会更高,从而可以激发妇女的劳动潜能，令她们在社会经济活动中充分发挥其特长，以利于社会经济的快速发展。

三、我国妇女社会福利的主要内容

（一）妇女就业和劳动保护福利

妇女由于其生理和心理的特殊性以及肩负着特定的社会责任，在就业和劳动方面与男子相比处于弱势，因此国家专门提供相关福利。1988 年《女职工劳动保护规定》和 2005 年修订的《中华人民共和国妇女权益保障法》都有明确规定。

首先，国家保障妇女享有与男子平等的劳动权利，并实行男女同工同酬。劳动单位在招聘用人时，可以拒绝妇女参与不适合妇女的岗位和工作，但是对于那些适合妇女劳动的岗位不能存在性别歧视的现象，拒绝录用妇女或者提高对妇女的录用标准。在与妇女达成劳动意愿时，必须签订劳动（聘用）合同或者服务协议，并且不能为了增加单位利益，不能因为妇女的生理特征而限制妇女结婚或生育，并且也不能因为各种原因而随意降低妇女的工作或者辞退妇女，比如女职工结婚、怀孕、产假、哺乳等情况下。此外，单位在制定福利待遇方面，必须遵守男女平等的原则，保证妇女的权利，不得歧视妇女。

其次，为了提高妇女就业的竞争力，国家专门为妇女举办各种就业培训班，提高其业务水平。

最后，根据妇女的生理特点，任何单位不得安排不适合妇女从事的工作和劳动，并且有权利和义务保证妇女在工作过程中的健康和安全。禁止安排女职工从事矿山井下、国家规定的第四级体力劳动强度的劳动和其他女职工禁忌从事的劳动。

（二）妇女生育福利

人类的繁衍生息、世代相传是客观存在的规律。而妇女担负着孕育下一代的特殊任务，因此，维护妇女的合法权益、保障她们的生育功能、保护母婴健康，关系到一个国家和民族的兴旺发达。妇女生育福利是指政府和社会为怀孕和分娩的妇女提供物质帮助和产假，以保证母亲和孩子的基本生活及孕产期的医疗保健需要。

享有完善的生育福利是全世界妇女的共同追求，但由于受到社会经济发展水平、社会制度和社会政策、民族文化、社会对生育价值的认可程度等因素的影响，各国生育福利的覆盖范围、项目的完备程度和待遇水平参差不齐。在西方福利国家，生育社会保险、社会福利和社会救济相互衔接、补充，共同为妇女生育构筑了一道安全网，妇女生育基本得到了保障。

生育保险是国家以法律形式制定的单位女职工因为怀孕、生产而暂时丧失劳动能力后，妇女享有产假和物质保证的社会保险制度。生育保险主要在以下几个方面来保证女职工的生育福利：生育医疗保健服务、产假、生育津贴、育儿假及育儿津贴等。

生育医疗保健服务是为孕期、分娩和产后妇女提供的各种检查、咨询、助产、住院、护理、医药等服务，以保证母婴平安健康。这项服务是医疗保健的子项目，在实行全民医疗保健的国家已覆盖到全体妇女。

产假是职业妇女在分娩或流产期间依法享有的法定带薪假期。根据生育社会福利产前产后都享受的原则，产假一般明确划分为产前假和产后假两段，并依产程难度及产出婴儿数分为正常产产假、难产产假、多胞胎产假几种。产假的长度应以有利于产妇恢复健康为基础，结合社会政策和经济承受能力来制定。1988 年，国务院颁布《女职工劳动保护规定》，规定女职工产假至少 90 天（其中产前休假 15 天），略低于联合国 1999 年第 88 届世界劳工大会新修改的 14 周标准。但是，产假也分具体情况而定。《女职工劳动保护规定》只做了至少 3 个月的下限规定，即正常产假是 3 个月。而难产的增加产假 15 天；多胞胎生育的,每多生育一个婴儿,增加产假15天。产假是妇女依法享有的一种带薪假期,1994年颁布的《企业职工生育保险试行办法》第5条规定:女职工生育按照法律、法规的规定享受产假,产假期间的生育津贴(也称为"产假工资")按照本企业上年度职工月平均工资计发,由生育保险基金支付。我国生育津贴为工资的100%,高于联合国在《生育保护公约》(103号)中所建议的最低标准——国际劳工组织所规定的生育保险工资替代率为67%。

生育津贴是对职业妇女因为生育而导致的工资收入损失依法给予的现金补偿,目的是为生育妇女提供基本生活保障。生育津贴的计算、发放有均一制和薪资比例制两种。采用薪资比例制时,薪资基数有本人生育前工资、所在企业平均工资、行业平均工资、地区平均工资等几种选取方法。

(三)妇女卫生福利

新中国成立以来我国政府根据妇女对医疗卫生服务的需要,在多方面采取行动以提高妇女的健康水平。在解放初期,通过改造旧产房,推广新法接生等行动,在较短时期内使母婴死亡率明显下降,并且封闭了所有妓院,免费为妓女们查病、治病。政府还组织医务人员到农村、牧区、少数民族和边远地区为妇女病和性病等患者免费治疗,大大缓解了一些疾病对妇女身体健康的严重影响。"20世纪50年代中期起,国有企业中设立了针对女工的卫生设施,向女职工提供专门的卫生服务。在农村地区开始合作医疗制度,并积极推广新法接生和妇幼保健等方面的知识。从20世纪70年代开始,中国在全国大中城市先后开展了对女职工和市民的妇女病普查普治工作,使过去严重困扰妇女的疾病发病率逐年下降;改革开放以来,我国推行少生优生和一对夫妇只生一个孩子的人口政策并大力推广以避孕为主的计划生育政策,给妇女保健提供了良好的条件。"①

① 严仁英.中国妇女保健工作的回顾与前瞻[J].中华预防医学杂志,1995(9)

1986 年以前，我国对妇女卫生保健的法规主要针对国有企事业单位和机关团体的女职工。1986 年卫生部发布《妇幼卫生工作条例》第一次对妇女保健做出了系统的规划。条例提出了妇女保健的任务：一是推广科学接生，实行孕产妇系统管理，做好围产期保健工作，提高住院分娩率，提高产科质量，防治妊娠并发症，降低孕产妇和围产儿死亡率，并在边远地区和少数民族地区继续普及新法接生；二是积极防治妇女常见病、多发病，调查分析发病因素，制定防治措施，降低发病率，提高治愈率；三是做好妇女经、孕、产、哺乳、更年期的卫生保健。该条例还对妇女保健机构的建设、基层组织和队伍建设提出了明确的规定。

我国于 1994 年 10 月颁布并于 1995 年 6 月 1 日开始实施了《中华人民共和国母婴保健法》，2001 年 6 月 20 日国务院又颁布实施《中华人民共和国母婴保健法实施办法》。该项法律对妇女婚前保健和孕产期保健和母婴保健的行政管理与法律责任做出了明确的规定，将妇女保健工作推向了法制化的轨道，促进了妇女保健水平的提高。

总的说来，经过多年的发展，尤其是改革开放以来 30 多年的发展，中国已经形成了比较完备的妇女卫生保健的政策法规体系。其基本内容包括：国家发展母婴保健事业，为母亲和婴儿提供必要的医疗保健服务，尤其是对边远贫困地区的母婴保健事业给予扶持；通过改革促进生育保险制度的完善和发展；在全国城乡建立妇幼卫生保健网络，增强为妇女儿童提供健康保健服务的能力；为妇女提供生殖保健服务，保护妇女生育安全；通过改水、改厕等行动改善农村妇女生存环境；通过加强对外合作，有效利用外部资金，从而更进一步地支持妇幼卫生事业发展；加大宣传教育力度，提高妇女健康教育覆盖面，向广大妇女宣传妇幼卫生保健知识，提高妇女自我保健意识；同时鼓励非政府组织积极参与妇幼保健活动，协助政府做好妇幼卫生保健工作。

(四)妇女教育福利

妇女教育福利就是国家为了保障妇女受教育的权利,提高妇女素质而制定的政策和采取的措施。妇女教育福利的核心是保障妇女享有与男子平等的文化教育权利。《中华人民共和国妇女权益保障法》明确规定:第一,学校和有关部门应当执行国家有关规定,保障妇女在入学、升学、毕业分配、授予学位、派出留学等方面享有与男子平等的权利。学校在录取学生时,除特殊专业外,不得以性别为由拒绝录取女性或者提高对女性的录取标准。第二,学校应当根据女性青少年的特点,在教育、管理、设施等方面采取措施,保障女性青少年身心健康发展。第三,父母或者其他监护人必须履行保障适龄女性儿童少年接受义务教育的义务。除因疾病或者其他特殊情况经当地人民政府批准的以外,对不送适龄女性儿童少年入学的父母或者其他监护人,由当地人民政府予以批评教育,并采取有效措施,责令送适龄女性儿童少年入学。政府、社会、学校应当采取有效措施,解决适龄女性儿童少年就学存在的实际困难,并创造条件,保证贫困、残疾和流动人口中的适龄女性儿童少年完成义务教育。第四,各级人民政府应当依照规定把扫除妇女中的文盲、半文盲工作,纳入扫盲和扫盲后继续教育规划,采取符合妇女特点的组织形式和工作方法,组织、监督有关部门具体实施。第五,各级人民政府和有关部门应当采取措施,根据城镇和农村妇女的需要,组织妇女接受职业教育和实用技术培训。第六,国家机关、社会团体和企业事业单位应当执行国家有关规定,保障妇女从事科学、技术、文学、艺术和其他文化活动,享有与男子平等的权利。

第三节　我国妇女社会福利的制度

一、我国妇女福利的历史发展

自新中国成立以来，我国政府在政治、经济和社会生活各个领域中实行男女平等的基本政策。早在1949年9月通过的《中国人民政治协商会议共同纲领》中就指出："中华人民共和国废除束缚妇女的封建制度。妇女在政治的、经济的、文化教育的、社会生活的各方面，均有与男子平等的权利。实行男女婚姻自由。"在新中国第一部法律——1950年的《中华人民共和国婚姻法》和1953年的《中华人民共和国选举法》及1954年的第一部《中华人民共和国宪法》中都有关于男女平等的内容。从新中国成立之初到改革开放前，我国政府在教育、就业、劳动保护、妇幼保健和医疗卫生，以及在婚姻家庭等方面制定了一系列的政策法规，其中包括大量保护妇女权益和为妇女提供必要的福利服务的具体规定。

1978年以后，随着我国的改革开放，中国妇女福利事业也进入了一个新时期。1979年至今，中国先后颁布了《中华人民共和国婚姻法》(1980年9月通过，2001年重新修订)、新的《中华人民共和国宪法》(1982)、《中华人民共和国继承法》(1985)、《中华人民共和国义务教育法》(1986)、《中华人民共和国未成年人保护法》(1991)、《中华人民共和国妇女权益保障法》(1992)、《中华人民共和国母婴保健法》(1994)、《中华人民共和国劳动法》(1994)等十几部法律，其中包括了大量保护妇女权益的具体规定。迄今为止我国已经形成了以《中华人民共和国宪法》为基础，以《中华人民共和国妇女权益保障法》为主体，包括国家各种基本法律、单行法律法规、地方性法规和政府各部门行政法规在内的一整套保护妇女权益和促进男女平等的法律体系。除此之外，国务院及所属部委颁布的有关保护妇女权益的主要行政法规有《婚姻登记管理条例》《全国城乡孕期保健质量标准和要求》《妇幼卫生工作条例》《女职工劳动保护规定》《关于女职工生育待遇若干问题的通知》《关于禁忌劳动范围的规定》等。地方人大和政府也制定了一批关于婚姻家庭、计划生育等方面的地方性法规和规章。这些法律法规的颁布实施，成为保障妇女在政治的、经济的、文化的、社会的和家庭的生活等各方面与男子平等权利的有力武器。[①] 此外，新中国成立以后，特别是改革开放以来，中国广泛参与国际妇女维权行动，先后签署了联合国《消除对妇女一切形式歧视公约》和国际劳工组织的《男女工人同工同酬公约》等一系列重要国际公约和国际文件。

除了基本的法制建设外，我国在妇女权利保护和妇女福利等方面还采取了其他许多实质性的行动。我国于 1995 年 9 月在北京成功举办了第四次世界妇女大会。1995 年和 2001 年国务院分别颁布了《中国妇女发展纲要（1995—2000 年）》和《中国妇女发展纲要（2001—2010 年）》两个妇女福利发展史上的纲领性文件。《中国妇女发展纲要（1995—2000 年）》的实施进一步改善了我国妇女生存和发展的社会环境，维护了妇女的合法权益，加速男女平等，妇女在政治、经济、教育和健康等方面取得全面进步。《中国妇女发展纲要（2001—2010 年）》确定了六个优先发展领域，即妇女与经济、妇女参与决策和管理、妇女与教育、妇女与健康、妇女与法律、妇女与环境，并把促进妇女发展的主题贯穿始终；并明确了 21 世纪头十年中国妇女发展的总目标：坚持男女平等的基本原则，在政治、经济、文化、社会和家庭生活等领域进一步推动男女平等的发展，使妇女充分参与经济和社会发展，促进社会的进一步发展。提高妇女的经济地位，保障妇

① 杜厚琪.保护妇女权益的国际法体系和中国的实施成效[J].思想战线，1995(5)

女获得平等的就业机会，保证妇女享有平等的福利待遇；普遍提高妇女受教育程度；使妇女受教育机会平等化；建立健全针对妇女的医疗卫生保健体系，提高妇女的健康水平和预期寿命；鼓励和支持妇女积极参与到社会事务管理和决策制定中，充分发挥妇女在国家政治中的各项政治权利和义务；提高妇女的法律意识，懂得利用法律武器来维护自身的合法权益；积极改善生态环境和社会环境，提高妇女生活质量，促进妇女事业的持续发展。进入21世纪，政策制定与执行过程中对性别平等的关注日益增强。如“让妇女回家”的阶段性就业政策在设计阶段被阻止；扶贫政策与扶贫计划向女性倾斜，提出了性别敏感扶贫指标；农村土地承包政策调整性别利益。国家所采取的各种政策从观念上和实践上都进一步提高了妇女的地位。①

二、我国妇女社会福利的成就与问题

（一）我国妇女社会福利取得的巨大成就

1. 妇女社会福利开始走向制度化

妇女社会福利工作走向制度化也经历了一个长期的过程，改革开放以来，社会福利制度化特别是劳动就业制度化把妇女社会福利推向了一个更高的水平，国家先后制定了一系列关于妇女社会福利的法律、法规和社会政策。1993年，国务院和民政部制定了《社会福利事业发展规划》，使社会福利的发展有了统一的指导思想和目标，并提出了实现目标的具体政策和措施，为今后社会福利的法制化奠定了基础。1999—2000年，更是有一大批文件、规章和行业标准出台，包括《国务院办公厅转发民

① 谭林．1995—2005年：中国性别平等与妇女发展报告[M]．北京：社会科学文献出版社，2005，第46页

政部等部门关于加快实现社会福利社会化意见的通知》《社会福利机构管理暂行办法》《社会福利机构基本规范》《区域社会福利机构设置规划》等。

2. 社会化程度不断提高

改革开放以来,民办妇女社会福利机构开始出现,并获得了一定程度的发展,大大提高了妇女社会福利水平。另外,福利经费来源也趋向多元化。改革开放以来,我国逐步打破妇女社会福利经费由国家和集体单位包办的格局,经费来源渠道开始多元化。目前,妇女社会福利经费的来源主要包括政府财政拨款、集体投入、发行福利彩票、社会捐款和各种收费服务等。多渠道的筹款格局不仅意味着妇女社会福利的社会化程度在提高,更突出地体现了福利责任分担机制正在形成。

(二)我国妇女社会福利存在的主要问题

1. 就业歧视和劳动保护难落实

虽然《中华人民共和国妇女权益保障法》等法律规章中明文规定妇女与男子平等就业,公平竞争,同工同酬等,但是在现实中还是存在就业歧视。由于有人认为女性职工的工作能力没有男性强,或者由于妇女生理特点决定要经历"四期",对工作肯定会带来一些负面影响,因此有些用人单位就不想招聘女性职工,在招聘条件中明确提出不招女性,或者在身高、相貌等方面作出限定。在劳动力供过于求的形势下,就业歧视更容易发生。女性是就业大军中的弱势群体,在私营企业等非公有制经济部门中妇女劳动保护很难得到落实。在签订的劳动合同中没有关于劳动保护的条款,即使有也仅仅是为了应付上级检查而已,在现实中根本没有相应的防护措施。

2. 妇女生育保健政策不公平

现行的生育保健政策实际上主要是面向城镇中有工作单位的妇女，并没有做到覆盖全体妇女。例如，我国的“女职工生育保险”，制度设计的对象就是城镇女职工，而广大农村地区的妇女却没有这项福利。其实，城镇中的女职工也没有全部被覆盖。“非正规方式”就业的妇女，如个体户、钟点工、临时工、家庭保姆等等就没有被生育保险覆盖。即使是生育保险所覆盖的城镇女职工中，其保险待遇在不同行业、不同所有制单位、不同区域之间还是有很大差距的。另外，农村尤其是地处偏远地区农村的妇女保健状况堪忧，妇女保健服务利用率很低。原因是一方面农村妇女保健意识淡薄，不太重视保健；另一方面是保健设施和机构数量少，距离远，保健服务的可得性和可及性差。

3. 家庭和人身财产权益受侵害

妇女的婚姻家庭、财产权益受侵害的现象越来越多。在妇联系统信访中婚姻家庭问题占信访总数的一半以上。在家庭方面，一方面是由于伦理道德的失范，配偶有婚外情现象；另一方面是妇女遭受家庭暴力。在财产权益方面，离婚中的财产分割、子女抚养费等经常受到侵害，如离婚妇女无住房、生活困难等问题比较突出。甚至在一些偏远的农村，传统的重男轻女观念还很浓厚，出现了剥夺妇女土地承包权的现象。另外，侵害妇女人身权利的现象时有发生，如家庭暴力，强奸、拐卖妇女，组织、强迫、容留妇女卖淫等。

4. 贫困问题依然存在

中国妇女的贫困程度以及教育、就业和社会参与等方面的状况得到很大改善。农村贫困妇女人数不断下降。但在一些贫困地区，仍存在大量的基本生存问题。此外，由于妇女的特殊地位，贫困对她们的伤害要比对成年男性大。

三、我国妇女社会福利的改革措施

我国是社会主义国家，社会主义追求的核心价值是民主和平等。因而在社会性别方面，国家也应该通过社会福利制度的制定和实施将这一核心价值转化为现实。针对当前我国社会转型期的要求，以及妇女在新时期的要求的多元化，妇女社会福利制度要加快实施改革的步伐。

（一）完善政策，平等就业，监督落实劳动保护政策

真正落实“男女平等”政策，保障妇女的合法权益。建立健全女性就业的政府干预机制，加强《劳动法》等法律法规执行力度，严禁在招聘、招工中歧视女性，杜绝同工不同酬等情况出现。实行积极的劳动力市场政策，拓宽女性就业渠道，对下岗、失业、困难女性免费实行职前培训和在职培训。要加大《女职工劳动保护规定》等法规的宣传力度，逐步形成自觉维护女职工权益的社会环境。同时，要加大监督检查的力度，认真落实好劳动保护政策，保障妇女身心健康。

（二）制定“妇女社会福利法”，依法维权

目前我国关于妇女社会福利的制度性法律太少、太空泛，而且权威性不够。主要是执法机构不明确，或者可以说执法机构要依附于行政机构，而代表妇女利益的国务院妇儿工委会的边缘位置决定了《妇女儿童保障法》与《未成年人保护法》处于被忽视的位置。另一个原因是我们的法律有一个传统，太空泛、太笼统，不易操作，表面上给大家的权益似乎很大，但给具体待遇的时候又没有依据。所以在妇女社会福利改革方面，我们需要一个严肃权威的“妇女社会福利法”，能够对妇女的社会福利权利，当然也包括义务做出细致的规定。细致不仅涉及各种权利内

容,更重要的是确保权利实现的程序,通过程序来加强约束和监督。同时,执法部门能够有相对的独立性。

(三)多举措改善妇女教育福利

为了加强妇女教育培训,提升妇女整体素质,全国妇联提出了一系列改善妇女教育福利的具体措施:第一,坚持党委和政府的领导,建立和完善妇女教育培训协调机制。第二,加强资源整合,提升妇女教育培训整体效益。第三,加强院校和基地建设,增强妇女教育培训发展后劲。第四,加强教育理论研究,提高妇女教育培训水平。第五,加强宣传教育,营造妇女教育培训良好环境。第六,广辟经费渠道,建立妇女教育培训投入机制。第七,开展检查评估,建立妇女教育培训激励机制。第八,健全工作机制,推动妇女教育培训体系建设。这些措施都有待贯彻落实。

(四)积极培育和支持与妇女社会福利相关的社会组织的发展

目前,我国的社会组织有两大发育不良:一是相对独立性差。在我国,维护妇女社会福利权利的社会组织还很少,妇联这个系统的行政化色彩还比较重,在维护和发展妇女社会福利权利方面能够发挥的作用还很有限。二是专业化能力不够。只有把专业做好,非营利组织才能有更大的生存与发展空间。这种专业能力就表现在为政府分忧解难上。妇联能够向社会转型,新兴的福利组织能够"抵抗住"来自行政或市场方面的诱惑,切实从妇女社会福利的一个具体方面来做,这样才能有我们想要的改观,妇女整体才能获得大事和小事上的自治能力。

参考文献

[1]任波,周良才.社会福利机构经营与管理[M].北京:北京大学出版社,2014

[2]杨立雄,李超.我国社会福利发展指数报告[M].北京:人民出版社,2014

[3]谭磊.中国城镇社会福利事业社会化转型研究[M].武汉:华中科技大学出版社,2014

[4]张剑,赵宝爱.社会福利思想[M].济南:山东人民出版社,2014

[5]王丽平.中国社会福利与社会救助问题研究[M].北京:人民日报出版社,2014

[6]李静.现代社会福利[M].北京:中国劳动社会保障出版社,2014

[7]钟仁德.社会救助与社会福利(第三版)[M].上海:上海财经大学出版社,2013

[8]张长伟,周义顺.从传统到现代:西方社会福利观的演变与转型[M].北京:中国社会出版社,2013

[9]曹艳春.我国适度普惠型社会福利制度发展研究[M].上海:上海人民出版社,2013

[10]陈良瑾.社会救助与社会福利[M].北京:中国劳动社会保障出版社,2013

[11]周良才.中国社会福利[M].北京:北京大学出版社,2013

[12]王齐彦.中国新时期社会福利发展研究[M].北京:人民出版社,2011

[13]张奇林.社会救助与社会福利[M].北京:人民出版